"十三五"普通高等教育
金融学科规划系列教材

金融伦理与职业道德

JINRONG LUNLI
YU ZHIYE DAODE

褚红素／主编
李星星　顾正云　杨婷婷／副主编

立信会计出版社
LIXIN ACCOUNTING PUBLISHING HOUSE

图书在版编目(CIP)数据

金融伦理与职业道德/褚红素主编. —上海:立信会计出版社,2019.7(2024.7 重印)

"十三五"普通高等教育金融学科规划系列教材

ISBN 978 - 7 - 5429 - 6111 - 2

Ⅰ.①金… Ⅱ.①褚… Ⅲ.①金融学—伦理学—高等学校—教材 ②金融业—职业道德—高等学校—教材 Ⅳ.①B83 - 05②F83

中国版本图书馆 CIP 数据核字(2019)第 120409 号

责任编辑　　王斯龙
封面设计　　南房间

金融伦理与职业道德

Jinrong Lunli Yu Zhiye Daode

出版发行	立信会计出版社			
地　址	上海市中山西路 2230 号		邮政编码	200235
电　话	(021)64411389		传　真	(021)64411325
网　址	www. lixinaph. com		电子邮箱	lixinaph2019@126. com
网上书店	http://lixin. jd. com		http://lxkjcbs. tmall. com	
经　销	各地新华书店			
印　刷	浙江临安曙光印务有限公司			
开　本	787 毫米×1092 毫米		1/16	
印　张	10.75			
字　数	240 千字			
版　次	2019 年 7 月第 1 版			
印　次	2024 年 7 月第 6 次			
书　号	ISBN 978 - 7 - 5429 - 6111 - 2/B			
定　价	26.00 元			

如有印订差错,请与本社联系调换

编写委员会

顾　　　问　　唐海燕　　贺　瑛　　窦瀚修
总　主　编　　许文新
副 总 主 编　　刘晓明
编委会成员　　（按拼音顺序排列）

　　　　　　　曹　雷　　储　峥　　褚红素

　　　　　　　黄　波　　黄　鑫　　李光洲

　　　　　　　刘玉平　　苏立峰　　欧阳莹

　　　　　　　姚迪克　　章　劼　　张　红

　　　　　　　张　晖　　张　云

总　序

　　自 20 世纪 50 年代诞生以来,以投资学和公司金融为主要内容,以资产定价、风险管理和时间价值为核心的现代金融学,取得了长足的发展。不少金融学研究者获得了若干诺贝尔经济学奖。例如,现代货币主义理论的创始者米尔顿·弗里德曼(1976),金融经济学的集大成者詹姆士·托宾(1981),创立 MM 定理的弗兰克·莫迪利阿尼(1985)和默顿·米勒(1990),现代资产组合理论之父哈里·马科维茨(1990),现代公司金融理论大师、资本资产定价模型的创立者威廉·夏普(1990),被称为现代金融学理论领域的牛顿、共建 B-S-M 期权定价模型的罗伯特·默顿(1997)和现代期权理论之父迈伦·斯科尔斯(1997),欧元之父罗伯特·蒙代尔(1999),因对资产价格的实证分析而获奖的尤金·法玛、拉尔斯·彼得·汉森和罗伯特·席勒(2013),行为金融学奠基者理查德·塞勒(2017)等,都对金融学的发展作出了突出贡献。这些诺贝尔奖获得者及其成果在货币需求、企业融资、投资组合、市场有效性、资产定价、市场理性等宏观、微观领域进行了分析,不断创新金融学学科体系,扩展研究边界,深化学术内涵,创新研究方法,显示了金融学在社会科学中的独特地位,对金融学的发展起到了巨大的促进作用,也激励着一代又一代学者在金融学领域不断探索。高山仰止,正本清源,追根问底,知其所然,这些诺贝尔奖成果,必将成为金融学科发展过程中的一座座丰碑,引导后来者去追攀金融学科的高峰,也必然对金融学科体系的构建、金融学系列教材的编写和金融专业人才培养具有重要的指导意义。

　　上海立信会计金融学院金融学院具有 67 年的悠久办学历史,培养了一大批活跃在各大金融机构的高素质人才,被誉为“未来金融家的摇篮”。其金融学、国际金融专业均为全国最早创设的专业之一。1994 年,国际金融专业被命名为“中国人民银行总行重点专业”;2001 年,国际金融专业被命名为“教育部教改示范专业”;2005 年,国际金融保险学院成为“上海金融保险教育高地重点建设单位”;2008 年,金融学科成为“上海市教委重点学科(第五期)建设学科”,金融学成为“国家级特色专业”“上海市教育高地",国际金融教学团队被评为"上海市优秀教学团队";2010 年,金融理财实验教学团队被评为"上海市优秀教学团队";2012 年,金融学成为"上海市综合改革试点专业",以金融学为核心的应用经济学成为"上海市高校一流学科培育学科";2015 年,金融学成为首批上海市属高校应用型本科试点专业;2018 年,"服务上海国际金融中心的金融学一流本科专业群建设"入选首批上海高等学校一流本科建设引领计划建设项目,"新金融及其风险管理"入选上海市高原学科Ⅱ类。这些学科、专业、团队、平台的建设成就,对于提升金融学院的海内外声誉,促进其金融学科各专业的可持续发展起到了重要作用。

为了进一步全面落实 2018 年全国教育大会精神,以立德树人为根本任务,坚持以本为本,促进"四个回归",为上海建设"五个中心"(特别是国际金融中心)、打造"四大品牌"、培养高水平应用型金融人才,我们组织编写了"十三五"普通高等教育金融学科规划系列教材。该套教材在金融学、国际金融学、金融市场学、信用管理学、公司金融、金融伦理、商业银行经营、金融合规与反洗钱、金融投资分析、大宗商品价格分析、金融实验等领域试图系统、集中地体现金融学科发展趋势,结合专业课程开发、知识模块构建和能力素质塑造,将学生培养成为诚信品质具备较强的实践能力、创新意识、具有国际视野的高水平应用型财经人才。通过本套教材,试图让学生具备以下能力和素质:

(1)掌握金融学原理与基础知识,熟悉金融业运作规律,涉猎商业银行学、国际金融学、金融市场学、投资学、公司金融、信用管理学等金融学主要领域,培养金融学基本素养,构建金融学知识框架体系。

(2)掌握投资分析、信用分析、财务分析、金融创新、风险管理、合规监管、反洗钱、银行管理等实践手段与分析技能,实现知识的吸收转化与融合创新。

(3)追踪金融学前沿动态的知识演进轨迹,客观看待现实世界中经济金融事件的货币运行特征与信用活动规律,掌握经济金融的内在逻辑与本质特征。

(4)形成良好的职业道德和素养,具有良好的业务素质和品德规范。

为达到以上目的,本套教材具有以下几方面特点。

1. 体现了最新的金融业发展趋势

互联网、信息技术、大数据、区块链、人工智能等新兴技术,促进了金融业的技术革新与飞速发展,科技金融、普惠金融、绿色金融等,赋予了金融业新的业务模式与服务内涵;金融创新、混业经营、宏观审慎监管、人民币国际化、金融风险防范、金融业改革与开放等,为金融业发展带来新的机遇与挑战;中国作为世界第二大经济体,改革开放进入深水区,金融业发展受到各种外来冲击,金融产品有待开发,金融机构尚不发达,金融市场亟须完善,金融体制机制尚未理顺,金融制度建设仍显滞后,金融人才结构性缺口巨大,这些都为金融学科发展提出了新的命题,也为金融理论发展提供了千载难逢的试验、锤炼、验证和创新的机会。出版本套教材有利于系统总结金融领域发展的最新成果,为系统构建金融知识体系、创新金融知识内涵、总结金融发展规律提供可能。

2. 反映了金融学科发展的必然要求

金融学科是整个社会科学中的热门学科,被誉为社会科学皇冠上的钻石,学科体系庞大,涉及面广,发展速度快,理论和应用成果丰硕,对金融业及经济发展具有非常重要的指导意义。特别是近年来,有关资产管理、审慎监管、风险管理、危机预警、金融科技、金融创新、现代支付、普惠金融、绿色金融、科技金融、行为金融、大数据征信等相关问题的研究,深化了金融学科内涵,促进了学科的不断发展。因此,本套教材必然要体现金融学科的发展趋势,面向金融业发展的现状和未来提供有价值的学术引领和知识规范。

3. 体现了应用型、创新型、复合型、国际化金融人才培养的需要

教材是育人之本,其根本目的是通过知识的系统梳理与更新,实现高标准、全方位育人。一本好的教材使学生受益终身。本套教材以立德树人为根本任务,以培养诚信品质、实践能力、创新意识、国际视野的高水平应用型财经人才为目标,力求简洁高效、深入浅出,通过对金融学基本原理、方法、体系的介绍,以及基本能力素质的培养,使学生系统掌握金融学基础知识、分析方法和运用能力。同时在教材中贯穿课程思政的内容,加强职业道德修养的培养,体现课程育人、思想育人、文化育人的本质内涵。

4. 是长期一线教学经验、资源与信息的积淀与升华

本套教材的各位主编、副主编和参编人员均为金融学院骨干教师,长期从事本科一线教学,绝大部分为名校博士毕业,有着丰富的教学经验,深谙金融人才培养之道,也积累了大量的教学资源、案例和素材,许多作者曾在金融实务部门工作,或多年承担专业建设、课程开发、人才培养方案制定、教学管理等任务。编撰本套教材是学院骨干教师教学经验、资源和信息积淀的集中反映与系统升华,对于夯实课程基础、理顺知识结构、促进专业建设、创新人才培养具有重要意义。

5. 反映了高水平、应用型高校开展专业建设与学科发展的需要

按照上海市教委的统一部署，上海立信会计金融学院正全力开展高水平、应用型地方高校试点建设，并取得了初步成效。金融学作为学校的核心专业，理应在专业建设和学科发展中起到主导作用。人才培养是高校的第一使命，也是高水平、应用型高校最核心的功能。人才培养的基础是课程与教材建设。一套为高水平、应用型财经类高校金融学类专业精心打磨、量身定做的好教材，能使学生深受其益。

6. 集中体现了高校课程建设与教学改革的需要

课程建设是高校人才培养的重要基础。教学改革是高校人才培养的不竭动力。本套教材既是课程建设的成果升华与集中体现，又是为师为学者授业传道的载体工具。教材中的新内容，反映了教学改革重思想引领、重学科逻辑、重知识模块、重消化吸收、重产教结合、重教学相长的特点，适应人才培养的根本需要和高水平、应用型财经类高校教学改革的基本趋势。

本套教材的编写，是众多主编、副主编和参编人员辛勤付出的结果，得到了上海立信会计金融学院校领导的亲切指导，得到了立信会计出版社窦瀚修社长、戎其玉副社长、王斯龙编辑等人员的大力支持。在此深表谢意！

许文新　刘晓明

2019 年 7 月

前　言

在古汉语里，"伦"是顺序、秩序、分类之意；"理"是条理、道理等意思。伦理就是人与人、人与社会、人与自然的关系和处理这些关系的规则。"正当""责任""义务""协调""公平""绿色""共享"等是伦理学最基本的概念和范畴。最佳的金融决策或金融产品的设计无外乎是在既定金融资本禀赋下，求得风险的最小化和收益的最大化，取得风险和收益的匹配。所以，大部分金融学家或金融实践者坚持金融学是一门仅仅依赖于可视事实的客观科学，在其研究过程中应该排除价值判断，它不涉及价值观的问题。但是这些"金融学不作价值判断"的信条在现实中很容易受到挑战。在金融业工作的人士几乎每天碰到与"什么是好的"和"什么是坏的"有关的问题。例如，什么是一项好的商业银行贷款，什么是一项坏的商业银行贷款？什么是一项好的保险公司条款，什么是一项坏的保险公司条款？什么是一项好的兼并收购，什么是恶意的兼并收购？诸如此类的问题，如果在金融学中不引入价值判断，不作规范性的描述，那么这些困惑将一直存在。广义的金融伦理是指金融活动参与各方在金融交易中应遵循的道德准则和行为规范；狭义的金融伦理是指金融机构及其从业人员以及金融市场必须遵循的道德规范与行为方式。

道德是"道"和"德"的合成词，"道"是方向、方法、技术的总称；"德"是素养、品性、品质的总称。道德是指以善恶为标准、通过社会舆论、内心信念和传统习惯来评价人的行为，调整人与人之间以及个人与社会之间相互关系的行动规范的总和。道德的本质是经济基础的反映，用实践精神把握世界，追求主体性和规范性的辩证统一、良心和义务的统一、自律和他律的统一。职业道德是指从事一定职位的人在履行本职工作的过程中应当遵循的职业范围内的特殊道德要求和道德准则。广义的职业道德是指从业人员在职业活动中应该遵循的行为准则，涵盖了从业人员与服务对象、职业与职工、职业与职业之间的关系。狭义的职业道德是指在一定职业活动中应遵循的、体现一定职业特征的、调整一定职业关系的职业行为准则和规范。职业道德包括爱岗敬业、诚实守信、办事公道、服务群众、奉献社会、素质修养等。金融职业道德主要包含商业银行、证券、保险、互联网金融等业态的职业道德，是金融从业人员应当遵循的思想和行为的规范和准则。客户利益大于天、坚持"诚信为本"、坚持"礼仪修养"等都是金融职业道德的范畴。

本书为贯彻落实党的二十大精神,在系统编写之前,有效地进行了调研和访谈,走访了商业银行、证券公司、保险公司、基金公司等金融机构,采访了一线从业人员。经过集思广益,编写组从应用型财经类高校大学生综合素质、金融业的伦理与职业道德两个角度思考本书的章节安排,具体章目内容包括:伦理与职业道德概述、金融机构的社会责任、生态金融、金融危机、金融监管、德行操守、服务意识、信息保密、金融安全和普惠金融。

编 者

目　录

第一章　伦理与职业道德概述

学习 目标

（1）认识伦理与职业道德的内涵与特征。

（2）掌握金融伦理与职业道德概念。

（3）掌握金融伦理与职业道德特征。

（4）了解金融伦理与职业道德历史沿革。

能力 目标

（1）能阐释金融伦理与职业道德概念。

（2）掌握研究金融伦理与职业道德的方法。

（3）掌握金融伦理与职业道德的内在联系逻辑。

案例 导入

案例1-1　安然事件及其启示

美国资本市场曾出现一系列财务丑闻。安然、环球电讯、世界通信、施乐等一批企业巨擘纷纷承认存在财务舞弊,这在美国资本市场上引起轩然大波,一批大的上市公司遭投资者抛弃,因而宣布破产。这些企业的造假行为不仅欺骗了投资者,也使自己付出了沉重的代价,在损害资本市场秩序的同时,也给美国经济造成了重大的影响。这些企业的舞弊行为目的不同,手段各异,其中,安然公司的财务舞弊事件比较典型,影响也比较大。原因如下:一是安然事件是这次美国资本市场舞弊风波的发端;二是安然公司从成长到破产,一直吸引美国媒体的关注和公众的视线;三是安然事件的发生导致世界著名的会计公司——安达信公司解体。

讨论:

1. 查阅相关资料,谈谈安然事件的始末。

2. 安然事件对我们有哪些启示?

案例1-2　巴林银行倒闭原因及思考

尼克·里森是国际金融界的"天才交易员",曾任巴林银行驻新加坡巴林期货公司总经理、首席交易员,以稳健、大胆著称。在日经225期货合约市场上,他被誉为"不可战胜的里森"。

1994年下半年,里森大量买进日经225期货合约和看涨期权。1995年1月16日,股市暴跌,里森所持多头头寸遭受重创,损失高达2.1亿英镑。这时的情况虽然糟糕,但还不至于能撼动巴林银行。只是对里森先生来说已经严重影响其光荣的地位。里森凭借天才的经验,为了反败为胜,再次大量补仓日经225期货合约和利率期货合约,头寸总量已达十多万手。要知道这是以"杠杆效应"放大了几十倍的期货合约。当日经225期货合约指数跌至18 500点以下时,每跌一点,里森先生的头寸就要损失两百多万美元。"事情往往朝着最糟糕的方向发展",这是强势理论的总结。

1995年2月24日,当日经指数再次加速暴跌后,里森所在的新加坡巴林期货公司的头寸损失,已接近整个巴林银行集团的资本和储备之和。融资已无渠道,亏损已无法挽回,里森畏罪潜逃。

巴林银行面临覆灭之灾,银行董事长不得不求助于英格兰银行,希望挽救局面。然而此时的损失已达14亿美元,并且随着日经225期货合约指数的继续下挫,损失还将进一步扩大。因此,各方金融机构竟无人敢伸手救助巴林银行这位昔日的贵宾,巴林银行就此倒闭。

讨论:

具有悠久历史的巴林银行倒闭给我们哪些启示呢?

美国"次贷危机"引发的国际金融危机已严重打击实体经济,整个金融体系遭受了极大的冲击,美、欧、日等发达国家和地区经济已进入衰退,金融机构盈利下降甚至破产,金融从业人员的伦理与职业道德受到很大的挑战。中国证券市场近年所暴露出来的一系列"基金黑幕"和法国兴业银行的信贷危机,使各国日益认识到金融伦理是影响金融健康发展的重要因素。金融伦理与职业道德作为规范金融市场的非正式约束也成为金融经济学研究的新亮点,并引起了有关国际金融组织和金融管理部门的广泛关注。

第一节 伦理与职业道德的概念与特征

一、伦理的概念

在中国古文中，"伦理"一词，是由"伦"和"理"这两个独立的单字组成的复合词。要明了"伦理"一词的含义，当先明了"伦"和"理"两字的意义。"伦"字本义为"辈"。东汉许慎《说文》给了这样的解释："伦，辈也。""一曰道也。"清朝段玉裁注释为："军发车百辆为辈。引申之，同类之次曰辈。……郑注《曲礼》《乐记》曰：'伦，犹类也。'注'既夕'曰：'比也。'注《中庸》曰：'犹比也。'"又说："《小雅》'有伦有脊'，传曰：'伦道、脊理也'。《论语》'言中伦'包注：'伦，道也，理也。'按粗言之曰道，精言之曰理。凡注家训伦为理者，皆与训道无二。"可见，"伦"除了其原始的数量词用法之外，有两种含义：其一，是指不同辈分、同类事物之间的次第、顺序或秩序关系；其二，可以等同于道和理。关于"理"，《说文》给出了下面的解释："理，治玉也。"段玉裁注释为："《战国策》郑人谓玉之未理者为璞，是理为剖析也。""凡天下一事一物，必推其情至于无憾而后即安，是之谓天理，是之谓善治，此引申之义也。"可见，理有二义：一是动词之义，即依玉之内在纹理而剖析、整治、打理；二是名词之义，即指事物的内在条理、道理。

从"伦""理"两字的字面意义看，各有其非名词的含义，即"伦"是数量词，"理"是动词。这与我们今天所说的伦理干系不大，可以不予讨论。在名词意义上，"伦"字比"理"字要丰富一些。"伦"字之"同类事物之间的次第、顺序或秩序关系"义为"理"字所无，而其"道""理"之义却基本相同，只不过"伦"字所指之道理更宏观一些，"理"字所指的道理更细密一些。"伦""理"两字连用，始见于《乐记》："凡音者，生于人心者也；乐者，通伦理者也。"汉初伦理一词开始广泛使用，用来指人际关系及其规范，伦理亦即是人际关系的条理。"伦理"的本义是指人伦关系及其内蕴的条理、道理和规则。伦理是与物理、事理相区别的情理。发现、认识人伦关系中所蕴含的道理，从古往今来无数个体的情感中发现普遍认同的情感，"必推其情至于无憾"，并把这种普遍认同的、无憾的情感作为"中道"或伦理的规则以裁量、规范个体或过或不及的情感，以指导和规范人们的行为，从而达到人伦关系的和顺及人伦秩序的稳定与和谐。对伦理的研究逐渐成为一个专门的学问，也就是本义上的"伦理学"。在西方，"伦理"和"道德"的区分不如中国那样细致，其伦理学与道德哲学基本上可以通用。这种广义伦理学把伦理学定义为关于道德的学问。伦理学知识是面向大众生活的，具有理想性、历史传承性、可普适性和知行统一性。伦理学的研究者，同时也应该是他所欣赏的伦理生活方式的忠诚的实践者。

美国《韦氏大辞典》对于伦理的定义是：伦理是一门探讨什么是好什么是坏，以及讨论道德责任义务的学科。从行为指导方面来看，伦理一般是指一系列指导行为的观念，是从概念角度上对道德现象的哲学思考。它不仅包含着对人与人、人与社会和人与自然之间关系处理中的行为规范，而且也深刻地蕴涵着依照一定原则来规范行为的深刻道理。

从社会关系角度来看，所谓伦理是指人类社会中人与人之间以及与社会、国家的关系和行为的秩序规范。任何持续影响全社会的团体行为或专业行为都有其内在的特殊的伦理要求。企业作为独立法人,有其特定的生产经营要求,也有企业伦理的要求。

从作用方面来看,伦理是指人们心目中认可的社会行为规范。伦理也对人与人之间的关系进行调整,只是它调整的范围包括整个社会的范畴。管理与伦理有很强的内在联系和相关性。管理活动是人类社会活动的一种形式,当然离不开伦理的规范作用。

从行为要求角度看,伦理是指人与人相处的各种道德准则。生态伦理是伦理道德体系的一个分支,是人们在对一种环境价值观念认同的基础上维护生态环境的道德观念和行为要求。

从道德要求角度看,伦理是指人与人相处的各种道德标准;伦理学是关于道德的起源、发展,人的行为准则和人与人之间的义务的学说。

二、职业道德的概念

《辞海》指出,职业道德是指从职人员在职业活动中应当遵循的美德,在职业生活中形成和发展,以调节职业活动中的特殊道德关系和利益矛盾,是一般社会道德在职业活动中的体现。社会主义职业道德的基本要求是:爱岗敬业、诚实守信、办事公道、服务群众、奉献社会等。各行各业都有其各自特殊的职业道德要求。

职业道德是公民道德建设的主要内容之一,"它是所有从业人员在职业活动中应该遵循的行为准则"。在社会活动中,由于人们所从事的行业不同,每个行业又各有其特点,因此各个行业的从业人员所应遵循的职业道德自然有所区别。职业道德学者认为,职业道德"就是指人们在具体工作岗位上应当遵守的思想行为规范,它涉及不同行业的工作人员,是一种自我约束机制"。职业道德是指"从业人员在职业活动中应当遵循的道德规范和必须具备的道德品质。各个行业的道德规范,称行业道德,随着社会生产活动和社会分工的发展而逐步形成和发展"。职业道德是对从事本职工作的从业人员在职业活动中具体行为的要求,体现了职业活动本身所承担的责任义务,也是对社会和公众的责任义务。它受社会道德的制约和影响,是社会道德原则和规范在具体职业中的体现。社会主义职业道德是整个社会主义道德体系的重要组成部分,其根本宗旨是为人民服务,主要规范有:爱岗敬业,诚实守信,办事公道,服务群众,奉献社会。提倡和普及职业道德,有利于各行各业的从业人员端正劳动态度,提高工作效率,成为一个道德高尚的人,由此提高这个社会的道德水平,促进社会各项事业的发展。

三、伦理与职业道德的特征

伦理具有以下特征:

首先,伦理有理想性。伦理是关于善恶的知识,而这种关于善恶的知识只能是相对的。当我们说一个事物、一个行为是善的时候,只能在与其他的事物、其他的行为的比较中得出该结论。伦理学的本质就是这样,在对现实的不满中和在对现实的批判中追求更善和更好,在与恶和坏的对峙中向往善和好。失去了善和好的追求,失去了伦理和道德的理想,伦理学就沦为世俗的描述和再现,就丧失了其学科特质。

其次,伦理具有历史传承性。伦理学是面向生活的学问,而生活着的群体和个体毫无例外地都是生活于一定的文化传统之下的。当今的世界,存在着具有不同文化传统的民族地区和国家,而各民族和国家毫无例外地都有着各自的伦理观念和伦理规则。离开了伦理文化的历史传统,一个民族的伦理性格也就丧失了。不讲历史传承、不讲伦理历史传统的伦理学,就没有历史的底蕴和历史的厚重感;没有历史的底蕴和历史的厚重感的伦理道德知识,是无法受学习者尊重的。

再次,伦理具有普适性。伦理学作为面向大众生活的一门学问,探究的不是一个人的私理,而是适应公众生活的公理。一种崇高的伦理道德理想境界的提出,只要有切实的可达之道,并为多数人心向往之,就具有了普适性。

最后,伦理具有知行统一性。伦理研究人伦关系的调解及人的道德素质的提升,这注定了它的研究成果及其所提出的原则规范是要在实际社会中付诸实行的。既然它是一种普遍性或普适性的知识,那也就是说对在这一伦理文化圈中生活的人包括伦理研究者在内都是适用的。正是伦理知识所具有的这种对己对人的规范性,才能够引导人们去掉轻浮和散漫,把人引向庄重。

职业道德的特征如下:

第一,范围上,职业道德适用于具体从事对应行业和岗位的人员,但对于不属于本行业和岗位的人,或在本行业和岗位人员职业活动之外的行为活动,职业道德是不能起到调节和约束作用的。例如,律师行业的职业道德规范不仅要求执业人员谨慎认真,不弄虚作假,而且要求律师坚持遵守国家的法律法规、律师行业准则进行法律活动。

第二,内容上,职业道德对从业人员的义务、责任和行为有了超越岗位准则和操作规程的要求。职业道德是由相应行业长期社会实践沉淀、积累的,约定俗成的一种要求,有的甚至在行业准则文件中也有所体现。从具体内容上与其他行业有共同点,也有本行业易于辨识的标签。由于职业分工具有相对的稳定性,因此,与其相适应的职业道德也具有连续性和稳定性,并形成一定的有关职业方面的道德评价标准。有些职业含有世代相传的职业道德传统,例如,医生行业虽然经历了不断的发展演变,但救死扶伤、防病治病、全心全意地为病人服务等一直以来都是医生职业道德规范中的精髓和优良传统,从古至今都受到人们的推崇。

第三,形式上,职业道德具有广泛性、多样性和适用性的特点。恩格斯指出,实际上,每一个阶段,甚至每一个行业,都各有各的道德。职业领域的多样性决定了职业道德的表现形式具体、灵活、多样,它从本职业的实际出发,表现形式有制度、守则、章程、规定、条例、标语、口号等,这些形式有利于从业人员接受和实施,有利于从事本职业的人员形成一种职业道德习惯。在调节主体上,职业道德不仅调节从业人员的内部关系,加强内部人员的凝聚力,而且也调节从业人员与其服务对象间的关系,从而塑造本行业的行业形象。

可见,伦理是理想性、传承性、普适性、知行合一的人类发展愿景。职业道德是各行各业务必遵守的规则,是具有行业性、广泛性、多样性、适用性的行为准则。两者既有联系,也有区别。

第二节 金融伦理与职业道德的内涵

一、金融伦理的内涵

关于金融伦理的概念,不同学者给出了不同的解释。孙英等(2005)认为,金融伦理是金融领域中的利益相关者行为事实如何的客观规律与应当如何的规范。丁瑞莲等(2005)认为,金融伦理是指在契约人既定的道德前提和社会道德环境下,一切金融契约行为应遵循的伦理规则和道德规范,其结构包括内在道德和外在道德。李刚等(2007)认为,金融伦理是指经济主体在金融活动中所表现的行为是否符合特定的道德规范,以及由其行为所引起的利益分配是否公正。金融伦理不仅是指金融活动中个人和金融机构的伦理问题,而且还包括金融市场的伦理问题。汲昌霖(2015)认为,金融伦理是协调金融主体利益关系的价值理念和行为规范,是利益相关者在金融活动中的内在秩序和主体自觉的统一。

笔者认为,金融伦理就是在社会金融活动中产生并用来约束和调节人们经济行为及其相互关系的价值观念、伦理精神、伦理规范和相关机制的总和,它既是调节相关利益关系的一种行为规范,也是社会金融活动的一种实践精神。金融伦理学的本质在于明确了金融领域的善恶价值取向及应该不应该的行为规定。金融伦理有广义和狭义之分。广义的金融伦理是指金融活动参与各方在金融交易中应遵循的道德准则和行为规范。金融活动所涉及的所有利益相关者(金融机构、从业人员、社区、政府、参与者等)在金融交易与金融活动中所涉及的伦理关系、伦理意识、伦理准则和伦理活动的总和就是广义的金融伦理。狭义的金融伦理是指金融机构及其从业人员,以及金融市场必须遵循的道德规范与行为方式,是提供各种金融服务的金融机构、金融从业人员和金融市场所应遵循的行为规范与道德准则,或者说是由金融服务的供给方所体现出来的善恶行为与准则。

金融伦理关系具有不同于一般社会关系的特征:一是金融伦理关系的多层次性。由于金融活动的复杂性与技术性,在一个金融活动中参与者往往是多方的,不仅是一种交易双方的关系,还会涉及金融机构,出现"债权人—金融机构—债务人"的三方关系,或者是"委托人—金融机构或中介组织—受托人"的关系。金融活动主体间的关系呈现了不同的层次,相应的伦理关系也变得复杂。二是金融伦理关系具有明显的双重性。所谓双重性体现在两个层面上:一方面,金融伦理关系要同时符合金融规则与伦理规则的双重要求;另一方面,金融伦理关系需要伦理与法律的双重规范。所以,金融活动既有专业特色,又具有伦理的特色。作为一种信用活动,金融活动应该是一种诚信的资金融通活动,活动中的各利益相关者都有其必须遵循的道德规范与行为方式,伦理规范便是其应遵守的行为准则。如果利益相关者恶意践踏金融伦理的道德底线,进行违法乱纪的金融交易活动,则应以法律的强制性规范来约束其非道德的践踏伦理的行为。三是金融伦理关系具有明显的要式特征。这种要式关系体现在金融活动主体只有按照特定的金融交易规则,以及相关金融法规与程序,通过协商达成相应的要约或协议(合同),并签订书面协议,才具有法律效力。四是金融伦理关系的动态性。由于金融伦理关系出现在各种金融活动中,金融活动随着新的金融工具的开发和金融技术的发展呈现动态性特征,各金融活动主体间的关系因此也处于变动发展中,金融伦理关系也显露出明显的动态性特征。

二、金融职业道德的内涵

道德和职业道德都是在一定的生产力和经济关系中产生的,是为调整人与人、人与社会和人与自然之间的关系,保持人类社会有序和发展服务的。金融职业道德属于道德,同时又是由职业关系决定的。金融职业道德是金融从业人员应当遵循的思想和行为的规范和准则。金融职业道德不仅具有道德基本的特性,同时具有行业的独特性。

金融职业道德的基本内涵:第一,客户利益大于天,人民的利益大于天,牢固树立为人民服务的核心理念。"客户"是在市场经济条件下作为金融行业服务对象而言的,在我们社会主义的中国,广大的客户其实就是人民大众。客户利益大于天,也就是人民的利益大于天,要牢固树立为人民服务的核心理念,这是金融业广大员工第一重要的道德规范,是立党为公,执政为民,全心全意地为人民服务的具体体现。第二,坚持"诚信为本"的金融行业的生命线不动摇。人无信不立,国无信不强。的确,诚信是每一个人安身立命的前提,也是每一个行业繁荣昌盛的基准。金融的诚信建立在金钱和财富之上,然而却比那些有形的财富显得更加珍贵。把诚信作为根基,金融的生命之厦才会更加稳定,社会的经济体系才会更加稳定。第三,坚持礼仪修养,提高服务质量。礼仪,作为一种行为准则和规范,是人类社会为维系社会的正常生活而共同遵守的最起码的道德行为规范,是道德的重要内容之一。一个有道德的人,往往是一个知礼、守礼、行礼的人,他必定时时刻刻保持一定的礼仪风范。金融礼仪修养是指金融行业员工为了实现组织目标,按照一定的礼仪规范要求,结合金融行业特性,在礼仪品德、意识等方面所进行的自我锻炼和自我改造。金融礼仪修养是个人道德品质、文化素养、教养良知等精神内涵的外在表现,其核心是尊重他人、与人为善、表里如一、内外一致。

金融职业道德的基本特征:第一,金融职业道德的理想性。理想性是指指导、约束人们行为的规范,既有来自现实的一面,又有高于现实的一面。道德提倡的行为不全是人们已做到的,而是人们应该有的行为;不仅是人们能够做到的,而且是人们经过努力才能够做到的。正因为这样,金融职业道德就应成为引导职工的精神力量,成为金融职工的精神追求。第二,金融职业道德的自觉性。道德归根到底是诉诸内心信念、自觉自愿的,而不是强迫的。法律调节社会关系凭借的是国家政权、司法机关等外在的强制力量,道德凭借社会舆论、内心信念,诉诸个人良心,靠自觉选择行为。可见,金融职业道德就是要求职工将外在的金融工作规则规范,通过教育学习和实践,不断地内化为自身自觉自愿的思想和行为。第三,金融职业道德的广泛性。法律总是在立法范围内调节各种社会关系,相对于社会生活总是有限的。道德不仅干预法以内的事,而且干预一切人与人、人与自然发生关系的行为。道德还渗透于社会生活的各个领域,现实社会中政治、经济、文化各种行为都涉及"合理与不合理""应当与不应当"的问题。基于道德广泛性的特点而生的金融职业道德同样具有广泛性,金融职业道德涉及金融工作的方方面面。第四,金融职业道德的稳定性。稳定性是从道德作用时间的长短来说的。道德能深入人心,成为信念、情感,成为民族传统习惯和社会心理的组成部分。金融职业道德就是应该成为金融行业的长久稳定的思想和行为的规范准则。只有恒久稳定的职业道德才能有利于社会主义道德建设和金融行业的建设发展。

三、金融伦理与职业道德的现实意义

尽管在"道德"与"伦理"的关系上,存在着多种不同的观点,但是从目前发展的趋势来看,主流观点认为"道德"与"伦理"是两个既相互区别又相互联系的哲学范畴或伦理学概念。

中国历史上对道德和伦理进行了较为深入的研究。比如,有人认为,在中国古代思想史上,"道德"与"伦理"是两个既相联系又有所区别的范畴。"道"的本义是指人行走的道路,它的引申义是法则和规律。"德"是"德道","德道"即是得道,也即是道德。关于伦理,在历史上曾是两个独立的范畴。"伦"具有类别、关系等含义,"理"则有条理、秩序、理则等方面的含义。在社会生活范围之内,"伦"表示人与人之间的关系,"理"则是指维系人与人之间各种关系的外在的规范与秩序。在道德和伦理的关系中,道德是指人的内在德行,而伦理是指约束人的行为的外在准则。"道德"和"伦理"是中国伦理思想史上两个既相互关联又有所区别的重要范畴。中国文化中的"道德"和"伦理"的逻辑基础和理论根据,都是"道"。"道德"作为得道之"德",是以"道"为基础和根据的;而"伦理"作为社会的典章制度和人的行为规范,是以"道德"为基础和根据的。由此可见,在中国文化中,道德是伦理的基础和根据,道德高于伦理。同时,伦理对道德的形成也具有一定的反作用。

在西方哲学特别是在黑格尔的法哲学理论体系中,都把道德和伦理作为两个既相互区别又相互联系的哲学范畴或伦理学概念加以研究和阐述。在黑格尔的《法哲学原理》的理论体系中,由"抽象的法"到"道德"再到"伦理",既是一个逻辑的递进关系,也是一个由肯定到否定再到否定之否定的概念的辩证运动和发展过程。所谓概念的辩证运动和发展过程,在黑格尔的哲学体系中是一个逐级的"扬弃"过程。每一次的否定,既保留了被否定对象中的合理内容,又抛弃了其中的不合理成分。

金融伦理是在现代金融理论与应用伦理日益结合的基础上产生的新的学科领域。随着金融理论与企业伦理的研究发展,它们都分别触及了金融伦理的研究。在这两股理论研究力量的推动下,金融伦理的研究逐渐成为一个新的研究领域。特别是在目前现代金融业高速发展,并不断出现动荡与危机的情况下,人们对金融伦理的研究更为关切,并取得了令人欣喜的初步成果。金融伦理研究的兴起,是理论与实践共同推动的结果。在理论上,研究者们日益认识到金融机构、金融市场与金融从业人员不仅是"经济人",更应该是"道德人",他们之间是一种契约人的关系,具有道德前提和道德认知,在金融活动与金融交易中,都有各自应遵守的道德准则和行为规范。因此,金融活动并非纯粹的技术活动,必然会涉及价值判断。在现实的金融生活中,少数金融机构、金融从业人员或其利益相关者采取了败德行为,引发了不少的"基金黑幕"、非法洗钱、银行倒闭等事件,严重地损害了金融机构自身的形象和核心竞争力。由于理论的发展,特别是现实生活中因道德与伦理问题出现的金融丑闻,使金融伦理逐渐成为社会共同关注和学术理论界研究的重要课题。

职业道德是同职业活动紧密相连的,是一定社会对从事一定职业的人们的一种道德要求,是从业人员长期从事特定职业必须遵循的道德规范和行为准则。社会上有多少不同的职业,就会有多少种不同的职业道德,职业道德是社会道德体系中的重要组成部分。职业道德不仅对人们的道德意识产生着重大而深远的影响,而且对社会职业道德行为、社会的道德风俗和道德传统有着重要的引领作用。金融职业道德以互利为基础反映社会对金融业活动的特定要求。一方面,它的服务受益者——客户、群众通过使用金融服务而获得优惠和好处,或者额外的货币收益;另一方面,金融从业者将货币提供给有需求的客户,从而获得差额利润。可见,互利是金融从业人员必须遵循的原则。因为金融业主要的功能就是服务百姓,便于货币融通,而货币作为一般等价物是一种特殊的商品,金融从业人员如果缺少了职业道德,则无法将货币业务正常地开展下去,等于切断了其行业命脉。

第三节 金融伦理与职业道德的演变历程

一、中国金融伦理与职业道德的发展沿革

在中国古代的经济思想中,关于"义利之辨"的争论从未停止过。义利观是儒家的核心思想,孔子的义利观主要体现在"见利思义"和"义以生利"这两个观点上。墨子认为,"义,利也"。程子说:"天下之事,唯义利而已。"朱熹说:"义利之说乃儒者第一义。"战国后期的荀子基于"人性恶"的人性论,提出了"义利两有"的价值观。宋代王安石批判了那些只讲仁义而不讲功利的所谓"君子",认为"人窘于衣食,而欲其化而入于善,岂可得哉!"南宋时期,永康学派的陈亮和永嘉学派的叶适提出了以"事功"为核心的功利主义思想,主张道德和功利、理和欲的统一。这些观点尽管不是专门关于金融伦理的,但无疑对探讨当代我国金融伦理的规制具有重要启示。当代国内关于现代金融伦理的研究可以追溯到新中国成立初期围绕社会主义经济中的货币存废、货币阶级性、人民币职能、利息合法性等问题所展开的讨论。这种讨论直接表现为一个有关金融的社会主义性质的意识形态问题,即金融为谁服务的伦理价值问题和金融制度的正当性问题。然而1997年亚洲金融危机和2008年全球性金融危机的爆发,使国内学者也深刻认识到金融领域伦理缺失对金融乃至整个社会的巨大破坏力。近10年来,国内现代金融伦理的研究在多个方面取得了进展,学者们开始从更加宽阔的视野审视金融伦理的地位和意义。对于金融伦理的作用,有学者借用《太极图》中的"实极"和"虚极"概念,认为只有遵循"货币虚极"对"财富实极"的道德"效忠"机制才能维持正常的经济伦理秩序。有学者认识到金融伦理对实现社会和谐的意义:以公平正义为原则的金融制度安排,通过平等的管理和化解风险,使人们的日常财富、住房、医疗、就业等生计问题更有保障,可以减少社会不和谐因素。金融危机的发生让学者们开始从伦理视角对金融道德风险进行了深度反思,不仅认识到金融产品过度创新、政府监管缺失、过度消费等问题将引发金融道德风险,也从经济伦理立场出发,分别从不同视角揭示了引发金融道德风险的根本原因。

二、西方金融伦理与职业道德的发展沿革

在西方的早期金融活动中,就已经形成了一些零散的伦理道德观念。如亚里士多德在《尼各马可伦理学》中对高利贷给予了道德批判;《古兰经》也从宗教伦理角度禁止高利贷;亚当·斯密在《国富论》中关注了资本的生产性问题,认为进行利率的合法限制是必要的。更多的学者的理论是建立在功利主义的价值观基础上,以边沁、约翰·穆勒、威廉姆·斯坦利·杰文斯、马歇尔、弗里德曼等人为代表。21世纪以来,更多有价值的理论开始形成。博特·赖特认为,交易公平是促进金融市场有效性的手段,只有当市场被认为是公平的时候,人们才会积极参与到资本市场中去。瑞菲克·库尔派恩和约翰·塞尔认为,信息传播透明度是利益相关者进行利益道德防卫的关键,企业必须形成和强化相应的伦理规则。

三、知识时代金融伦理与职业道德的发展沿革

20世纪80年代以来,在华尔街发生的一系列金融丑闻引起了社会对金融企业伦理的高度重视与关注。一本声称"填补金融伦理学方面的空白"的名为《华尔街伦理大全》的书在1987年问世,开启了企业伦理界研究金融伦理的先河。

美国芝加哥洛约拉大学博特·赖特教授所著的《金融伦理学》在2002年出版,该书对金融伦理的研究起到了推动作用,使金融伦理的研究在广度与深度上取得了重要进展。

对金融企业而言,Brickley和Zimmerman认为,基于伦理行为的公司声誉是公司品牌资本的构成部分,它反映了公司证券的内在价值,有效市场将潜在地为公司伦理行为提供激励。为了减少由于金融伦理缺失产生的风险危害,Chami等人提出了管理伦理风险的重要性。

伦敦野村国际银行主席安德里斯·R.普林多和牛津坦普尔顿学院的研究员比莫·普罗德安是较早研究金融领域伦理冲突的两位专家。他们在2002年编辑出版的专著《金融领域中的伦理冲突》中比较全面地分析了金融领域中存在的利益冲突和伦理冲突。

有学者指出现实金融生活中金融活动主体存在的三种伦理道德境界:利己与利人并重、利己不损人、损人利己,并提出市场经济条件下金融活动更需要讲伦理道德,如果伦理道德缺位,将导致严重的伦理冲突与金融灾难。我国存在着因诚信缺失与社会责任缺失两种伦理缺失导致的各种金融丑闻。体制转轨;政府职能错位、缺位、行为不规范;管理制度和法律不健全,对金融伦理缺失行为的处罚力度弱,失信成本低;传统文化道德的削弱和丧失、新的文化道德体系还未建立等因素是导致金融伦理缺失的主要原因。

特别是中国加入世界贸易组织后,中国的对外开放度日益提高,金融领域的开放度急剧提升,中国金融企业面临的竞争压力与挑战与日俱增。通过加强对金融伦理的研究,来提升中国金融企业、金融市场的核心竞争力,不仅是理论研究的需要,更是现实金融生活的迫切要求。

巩固训练与提高

案例分析题

中兴事件 沉重反思

中兴事件暴露出中国企业管控合规风险的能力滞后、企业合规管理体系存在明显漏洞。在全球化进入新阶段,企业竞争进入全球价值链竞争的时代,合规风险管控缺失是一个重大隐患。2018年4月16日,美国商务部网站公告,7年内禁止美国企业与中兴开展任何业务往来。公告称,中兴违反了2017年与美国政府达成的和解协议。当时,美国政府指控中兴非法向伊朗和朝鲜出口。2017年3月,中兴与美国政府就出口管制调查案件达成和解,中兴支付约8.9亿美元的刑事和民事罚金,美国商务部工业与安全局对中兴的3亿美元罚金被暂缓,是否支付将视未来7年中兴对协议的遵守情况而定。这是中国企业收到的来自美国政府的金额最高的一张罚单。通过查阅中兴事件的相关资料,根据金融伦理与职业道德理论,思考中兴事件对许多正处于全球化中的中国企业来说具有哪些教训。

第二章 金融机构的社会责任

学习目标

（1）理解企业社会责任的内涵。

（2）掌握企业社会责任的范围和特点。

（3）了解影响组织承担社会责任的因素。

（4）理解商业银行社会责任的定义和内容。

（5）掌握中国商业银行社会责任的现状和存在的问题以及完善商业银行社会责任的政策建议。

能力目标

（1）探讨企业为什么要承担社会责任以及如何承担。

（2）分析我国商业银行社会责任的现状和存在问题。

案例导入

案例 2-1　百胜：捐一元·献爱心·送营养

自 2008 年起，"捐一元·献爱心·送营养"项目在全国启动。项目倡导了"勿以善小而不为"的公益理念，鼓励全社会"随手做公益"，积少成多、滴水成渊。项目将"一元钱"作为每个人力所能及的公益门槛，激发公众的公益积极性，每年有两周左右的时间，通过百胜旗下遍及全国的肯德基、必胜客、必胜宅急送和东方既白餐厅向社会劝募，号召消费者捐出"一元钱"，参与公益项目，为贫困地区学生的营养加餐，为学生的健康奉献力量。

百胜营造了"人人可公益""全民公益"的平台。该项目开展 6 年来全国有 28 000 多名志愿者参与，超过 6 112 万名消费者参与捐款，累计捐款额超过 9 000 万元，其中百胜及员工捐款近 1 700 万元。2008—2010 年，该项目为四川地震灾区绵竹、江油、北川等地的小学生提供了为期 1 年的营养加餐。自 2010 年起，项目已经陆续推广至云南、广西、贵州、湖南等地，为贫困山区小学生提供 1～2 年的营养加餐，同时为近 300 所贫困山区学校提供了标准的"爱心厨房"设备。截至 2013 年 8 月，善款已为近 90 000 人次的贫困小学生提供近 1 800 万份的每日营养加餐。

项目还培养了很多热情的城市小学生志愿者，如宁波的"一元慈善家"、杭州的"爱心小云雀"、深圳的"一元唱响家"等,这些孩子和"捐一元"项目一起成长,他们身体力行地参与"捐一元"并带动身边更多人来一起做公益。总体来说,这对全社会公益意识的提升起到了积极的促进作用。

讨论:

1. 企业是否应承担社会责任?
2. 从长期看,企业承担社会责任和其绩效之间是正相关还是负相关,为什么?

案例2-2　兰芝:"水资源保护公益倡导"

兰芝是一个著名的年轻时尚化妆品牌,深受年轻女性喜爱。自2010年起,兰芝每年发起与水相关的公益项目,致力于保护水资源。

2017年6月,兰芝深入武汉、北京等城市,将水资源保护的公益理念传递给更多人。兰芝开展"以你之名,为水资源保护捐赠3元"活动,通过互动形式助力公益,宣传将小小爱心汇聚成保护水资源的大能量。

2017年6月27日至30日,兰芝邀请消费者、公益志愿者和媒体共同参与"兰芝水资源保护三江源公益行"活动,深入三江源保护区,一起清洁兰芝在当地设立的截留网,防止垃圾进入保护区,同时一起走访牧民家庭传播公益理念,将水资源保护的公益倡导转化为公益实践。

讨论:

企业要维持持续的社会责任,在实施公益项目过程中应怎么做,你有什么好的建议?

案例2-3　浦发银行:持续打造具有浦发银行特色的责任品牌

上海浦东发展银行股份有限公司(以下简称浦发银行)在深耕金融服务的同时,还积极践行社会责任。

近年来,浦发银行将企业公民建设纳入公司战略和发展愿景中加以推进和实施,秉承"持续打造具有浦发银行特色责任品牌"这一宗旨,将对外捐赠投向重点领域,着力于责任品牌的长效积累,全年共完成包括公司资金、员工资金对外捐赠共计1 598.7万元。

浦发银行坚持开展长期公益项目,建立长效执行机制,不断增强项目的可操作性,提高受益群体的广度和深度,实现公益项目的可持续发展,充分发挥资金资源和金融平台资源功能,开展专业精准扶贫工作,为贫困地区提供金融服务和优惠贷款。同时,浦发银行也期望通过长期援建希望小学,均衡教育资源,与政府、社会各界共同携手,努力实现教育公平。

讨论:

请结合上述实例,简述目前我国商业银行履行社会责任的现状。

案例2-4　银行业金融机构赈灾活动实践

2008年汶川大地震后,全国各行业企业都积极作出响应,通过各种方式加入抗震救灾活动当中,我国银行业也不例外。众多商业银行不仅通过慈善捐赠帮助灾区,还利用金融机构的特殊职能,对灾区给予各种金融支持,包括提供贷款利率优惠、发放专项贷款、提供免费服务等。同时,政府部门和监管机构也出台相应政策,鼓励支持金融机构积极采取行动支持灾区建设。各银行措施如下:

(1) 工商银行在短时间内向四川地区交通、电力和制药企业发放了6.35亿元贷款和国际贸易融资,为保证救灾物资、交通运输条件等提供了资金支持。工商银行四川分行还与成都市政府签署了200亿元的灾后重建项目融资协议。

(2) 中国银行启动海外捐款绿色通道,其海外机构全部网点均免费受理赈灾捐款汇款,并积极配合中国驻外大使馆开立捐款专用账户。

(3) 建设银行通过在特殊期间提供特殊服务,为灾区个人客户提供救急资金。建设银行四川分行推出了"抗震救灾期间无取款交易介质受灾客户救急取款"服务,对阿坝、绵阳、德阳等地震灾区的个人客户,无法提供银行卡、存折等交易介质的,凭有效身份证明和取款密码,可获得3 000元以下的救急取款;如无法提供身份证明,经密码校验后,也可获得1 500元以下的救急取款。

(4) 农业银行紧急制定出台如下政策:对16个重灾区的"三农"贷款,全部按"三农"试点行的准入条件和流程办理;对灾区个人贷款实行宽限政策;适当放宽地震灾区小额贷款条件和用途等6项惠农措施,支持灾区"三农"。

(5) 中信银行推出了一款以赈灾为目的的短期理财产品——中信理财快车爱心计划,倡导客户将产品实际年收益率超过1.71%的收益部分,自愿委托中信银行以客户名义捐献四川地震灾区,支持灾区抗震救灾。

讨论:
银行业如何有效践行企业社会责任,会产生怎样的社会效应?

第一节 企业社会责任

在当今经济全球化的时代,社会经济日新月异,人民物质文化生活不断丰富,社会公民主体意识不断增强。同时,资源短缺、能源紧张、环境污染、生态失衡等问题也日益凸显。面对一系列社会与自然公害,企业与政府、社区、消费者等矛盾连连,企业应该履行社会责任这一话题逐渐受到越来越多的关注。企业一方面要适应环境的变化,在经济有利可图的范围内,向社会提供更高质量的产品和劳务;另一方面必须从道义上发挥理智控制自己的本能,为恢复和发展具有精神文明和道德观的人类社会作出贡献。唯有沿着以上两者相结合的经营管理路线前进,企业才能继续维持自身的生存和发展。

一、企业社会责任的含义

(一)定义

社会责任思想的产生可以追溯到两千多年前,古希腊哲学家苏格拉底把"责任"看作是"善良公民"为国家和人民服务所应具备的本领和才能。他提出"美德即知识",认为知识包含着一切的善,只有天生有知识的人才具有美德,才能担当治理国家的责任。在中世纪,教会认为商人的逐利行为是违反基督教精神的,对其合理性提出强烈的质疑,并强调经济活动只是为了服务公众利益而存在,商人要顾及其他社会成员和社区福利。

1923年,英国学者欧丽文·谢尔顿在美国进行企业管理考察时提出了"企业社会责任"的概念,并在其著作《管理的哲学》中,将"企业社会责任与公司经营者满足产业内外各种人类需要的责任联系起来"。自此,作为一种全新视角的企业管理模式,企业社会责任在长期的论战中走到今天,并受到绝大多数人的认可,人们对企业社会责任的认识,由模糊到逐步的清晰。企业社会责任成为解决企业经济目的与社会公共利益矛盾、实现企业自身和社会可持续发展的重要途径。

企业社会责任是指企业在创造利润、对股东承担法律责任的同时,还要承担对员工、消费者、社区和环境的责任。企业的社会责任要求企业必须超越把利润作为唯一目标的传统理念,强调在生产过程中对人的价值的关注,强调对消费者、对环境、对社会的贡献。

(二)有关社会责任的两种观点

1. 古典观点

古典观点指出管理当局唯一的社会责任就是利润最大化,代表人物是诺贝尔经济学奖获得者、经济学家米尔顿·费里德曼。1970年9月13日,米尔顿·费里德曼在《纽约时报》刊登题为《商业的社会责任是增加利润》的文章中指出,"企业的一项、也是唯一的社会责任是在比赛规则范围内增加利润"。他认为管理者的主要责任就是从股东(企业真正的所有者)的最佳利益出发来从事经营活动。同时,他认为股东只关心一件事,那就是财务方面的回报,当管理者自作主张将企业资源用于社会利益时,都是在增加经营成本,这些成本只能要么通过高价转嫁给消费者,要么降低股息回报由股东来承担。必须指出,米尔顿·费里德曼并不是说企业不应当承担社会责任,他支持企业承担社会责任,但这种责任仅限于为股东实现企业利润的最大化。

2. 社会经济学观点

社会经济学观点认为利润最大化是企业的第二目标,企业的第一目标是保证自己的生存。为了实现这一点,它们必须承担社会义务以及由此产生的社会成本。这是由于社会对企业的期望已经发生了变化。企业并非只是对股东负责的独立实体,它们还要对社会负责。社会通过各种法律法规认可公司的建立,并通过购买产品和服务对其提供支持。此外,社会经济学观点的支持者认为,社会接受甚至鼓励企业组织作为经济机构参与社会的、政治的和法律的事务。例如,三星(中国)投资有限公司成立至今,一直进行着教育支援、残疾人支援等公益活动。三星(中国)投资有限公司一直在探索投资与社会责任结合的产业投资模式,摸索共享企业社会责任资源和力量的路径,争取全方位扩大社会公益事业,并用开放的心态积极地与社会沟通。

社会经济学观点认为,企业在制定决策时,应遵守法律法规,关注道德价值,服务社区并保护环境。企业要承担对不同利益主体的社会责任,包括生产安全、职业健康、保护环境、支持弱势群体等,从而在社会中扮演积极的角色。

二、企业社会责任的特点、内容、范围

企业社会责任受到企业自身条件及其外部环境的影响。不同的文化背景、政治环境、经济体制、科技发展水平及国民主体认识水平,造成企业的社会责任不尽一致。在此仅以上述企业社会责任范围为基本依据,就当代企业所面临的主要社会问题进行阐述。

(一)企业社会责任的特点

企业的社会责任不同于法学上的责任,属于社会学范畴。它具有以下特点。

1. 时间上的延续性

企业社会责任的提出虽然是 20 世纪 60 年代之后的事,但就客观的产生而言,可以追溯到企业的产生之时。换言之,随着企业的产生,企业社会责任也就相伴而生了。工业革命早期的企业在向社会提供商品和劳务时,把废气排入空中、污水注入河流、废渣堆砌地面。那时由于生产能力有限,尚不足以危及人们的正常生活。随着污染的日积月累,以及社会化大生产,各种现实的危机呈现出来。对于现实生活中诸如环境污染、生态失衡、失业率上升等问题,虽然不能全部归咎于企业,但是企业却不能不着手解决。因此,从某种意义上说,今天的企业要代人受过。值得注意的是,我们在代人受过的同时,又在继续制造新的影响,将更加严重的问题推向社会,遗留给下一代。

时间的延续性提醒社会,现今的企业在生产经营中不能单纯从眼前利益考虑,必须结合长远全局利益,采取切实有效的措施,承担起社会责任,造福于后人。

2. 空间上的相关性

企业的社会责任问题并不是孤立的问题,企业对社会的影响具有相关性。1978 年,上海发生的甲肝流行病及 1953 年日本水俣湾渔民出现的狂怒病,就是由于人们食用了被污染的水产品造成的。20 世纪 80 年代,莱茵河流域的酸雨、印度博帕尔美国联合碳化物公司的毒气泄漏、苏联切尔诺贝利核电站爆炸事故,相继酿成人间惨案。20 世纪 90 年

代,海湾危机及意大利港湾万吨邮轮的爆炸对波斯湾及地中海地区造成了不可估量的污染。这些都说明:企业排放的废渣、废水、废气,不仅会影响附近企业的工业活动、居民生活,还会影响周围相当大的区域;不仅影响工业,还直接影响农林牧渔业甚至整个生态环境;不仅影响社会经济生活,还直接影响社会政治生活。

3. 主观反映的能动性

企业的社会责任在工业革命时就已经存在了,但那时人们所认识的企业仅是加工经营产品并通过加工和经营为企业主获取利润的机器。随着生产经营的扩大、生产手段的现代化、竞争者的激增,人们开始认识到企业生产经营必须满足社会需要,从而提出企业的责任,除盈利以外必须向社会提供优质的产品和服务。进入 20 世纪,随着民权运动的兴起,保证职工生活的稳定、就业机会均等企业应为社区作出的贡献便被提到议程上来。20 世纪 40 年代以后,世界各国经济的迅速发展、现代科技的广泛运用、对物质和能量的需要空前增长、人类与自然界的关系日益复杂化,人们开始认识到企业更广泛的社会责任——对外溢因素的自我约束。20 世纪 80 年代以来,随着环境对人类的报复及地区冲突的增加,企业社会责任已突破了自身外溢因素的范围,发展到全方位的、涉及社会经济生活的各个方面的有关责任。因此,企业的社会责任具有明显的时代特征,不同时代的责任内容取决于社会的认识水平。

(二)企业社会责任的内容

1. 企业对政府的社会责任

企业对政府的社会责任反映在企业参与政府管理及遵守国家法律等方面。企业的生产经营活动不仅要在经济上,而且还要在政治、法律、文化等方面与国家和社会保持一致。企业对政府承担的社会责任表现在:认真贯彻党和国家的有关方针政策;严格遵守国家有关法律法规及各种管理条例;完成国家下达的指令性计划和指导性计划;合法经营、照章纳税,承担政府规定的其他责任和义务,并接受政府的监督和依法干预。

2. 企业对员工的社会责任

员工是企业的主体,为企业进而为社会生产提供产品和劳务。企业对员工的责任属于内部利益相关者问题。企业对员工所承担的社会责任除为其提供工资及各种福利等物质生活保障外,还必须为其提供良好的工作环境、职业保证以及文化技术的培训。社会主义企业还必须尊重员工的民主权利,为其参与企业经营管理提供条件。总而言之,社会主义企业不仅要重视员工对生产经营的作用,还必须重视员工在政治、文化、科技等各方面的素质的培养与提高。在招聘及录用员工时,企业有责任为应聘人员提供平等的就业机会。但是,企业招聘中关于性别、民族、地域、肤色、年龄、文化水平、技术才能及社会背景等歧视问题不会出现。

3. 企业对股东的社会责任

现代社会,股东队伍逐渐庞大,遍及社会生活的各个领域,企业与股东的关系逐渐具有了社会性。首先,企业应严格遵守有关法律规定,对股东的资金安全和收益负责,力争给股东以合理的投资回报。其次,企业有责任向股东提供真实、可靠的经营和投资方面的信息,不得欺骗投资者。

4. 企业对消费者的社会责任

企业与消费者是一对矛盾统一体。企业利润的最大化最终要借助于消费者的购买行为来实现,所以企业成败的关键在于有无消费者及消费者的多寡。赢得消费者的信赖是吸引消费者的最好的方法,企业应随时关注消费者需求的变化情况。企业对消费者所承担的社会责任表现在:致力于经营的合理化,使产品和服务均能价格合理并维持稳定;承诺所提供的产品和服务的质量;开展讲信誉的销售及积极的售后服务工作;生产和销售环节自觉地接受政府和公众的监督。

5. 企业对社区的社会责任

企业是社会的组成部分,更是所在社区的组成部分。社区是指以某种组织形式或物质、文化、宗教等为媒介在一定地域上形成的小社会。一般来说,一切社会经济活动都是在一定具体的社区里进行的。社区是"社会圈"中的"社会链",它在社会、政治、经济、生活中起着重要作用。企业总是生存于特定的社区中,在一定社区内从事生产经营活动,凭借社区实现其经济目标。企业对社区所承担的社会责任表现在:依法减少"三废"、噪声、粉尘等环境污染;主动维护并美化社区环境;促进社区文化教育的发展;响应社区政府号召为其他公益事业作出力所能及的贡献。

6. 企业对社会的责任

企业是社会财富的直接创造者,并通过向社会不断提供更丰富、质量更高的产品推动社会的发展。企业对推动社会进步负有不可推卸的责任。具体表现在:努力开发新技术;节约能源和资源、保护生态环境;提供就业机会和合理的工作条件;推动社会公益活动的发展。

（三）企业社会责任的范围

企业社会责任的范围可以从三个层次来理解:一是从狭义方面理解,即企业的基本责任是指在商品生产、促进经济增长、提供劳务和就业机会等方面有效地完成企业固有的职能。二是从广义方面理解,即企业一般意义上的社会责任是指在企业的基本责任上加上在企业活动进行过程中对国民在物质方面的合理要求内容、价值观以及社会问题给予经常关注,并且在平等交易、提高员工福利方面作出努力,包括环境保护、员工聘用及企业与职工之间的关系维护,以及对来自消费者的有关信息、公平待遇、安全保护等方面的要求。三是从更广义方面理解,即社会向企业所提出的尚未定型的社会责任是指积极运用企业所具有的能力参与和改进社会环境以提高社会的福利。

第一、第二层次上的社会责任是明确的;第三层次上的社会责任尚不十分明确,有待于社会的发展及人们认识的提高。但通过上述分析,至少可以看到,企业基本经济职能的发挥,离不开社会责任的履行。企业只有正确处理自身与国民、社会间的关系,乃至正确处理与人类根本利益相关问题,才能实现其经济目标稳定、持续地发展。

三、影响企业承担社会责任的因素

企业对社会责任的态度容易受到各种因素影响和干扰。有些因素是积极性的,它增强了企业对社会责任承担的意愿;而有些因素具有一定的消极性,它会削弱企业在这方面的意向。

（一）促使企业积极承担社会责任的主要因素

除个人的信仰、伦理观以及价值观外，能促使企业积极承担社会责任的因素主要有以下内容：

（1）公众形象。承担社会责任的良好行为有助于企业在公众中形成良好的口碑，公众心目中的良好形象对企业的好处是多方面的，如可使销售额上升，雇佣到更多、更好的员工，更容易筹集到资金等。

（2）长期利润。良好的社区关系和负责行为能为企业赢来更稳固的长期利润。

（3）组织系统。社会责任的履行能为企业增添吸引力，从而留住优秀雇员，形成良好的组织氛围。

（4）规范行为。社会责任中的道德规则能有效地约束企业的日常行为，从而尽可能地避免使用非法的和不道德的手段。

（二）阻碍企业承担社会责任的主要因素

（1）股东权益。社会公益性举措会削减股东的既得利润，若按照"信托人"观点，这体现了管理当局对股东的不负责任。

（2）行为衡量。企业的社会行为效果通常难以用确切的指标进行度量。

（3）成本问题。许多社会责任活动是不能自负盈亏的，这就导致企业最终会以提价的方式将成本转嫁给消费者。

（4）权力过大。企业本身就已具有在经济领域内的充足权力，若再涉足社会领域，处理社会问题，追逐社会目标，那么企业所拥有的权力就会产生过度膨胀现象。

第二节　商业银行的社会责任

20世纪70年代，国际上出现了以履行社会责任为己任的道德银行，其职责主要是用于环境、社会、文化和扶助贫困人口项目贷款等。道德银行非常重视商业银行的社会责任，但并未提出商业银行社会责任的概念。2002年10月，世界银行下属的国际金融公司和荷兰银行在伦敦召开的国际知名商业银行会议上，提出了一项企业贷款准则，规定了金融机构在经济繁荣、环境保护和社会发展三个方面的若干原则。2003年，花旗银行、荷兰银行、德意志银行和巴克莱银行在世界银行和国际金融公司的政策基础之上，制定了"格林威治原则"，也称"赤道原则"。通过西方银行业不断摸索，"赤道原则"逐渐成为具有普适性的信贷管理原则，它是一套管理与开发项目融资有关的社会和环保问题的自愿指导准则，是国际金融机构遵守的行业准则。"赤道原则"的提出与完善是"商业银行社会责任运动"的一个里程碑。此后，越来越多的学者及金融机构认为商业银行应承担并履行社会责任。

一、商业银行社会责任的定义

世界银行把商业银行的社会责任定义为：商业银行与关键利益相关者的关系、价值观、遵纪守法以及尊重人、社区和环境有关的政策和实践的集合，是商业银行为改善利益相关者的生活质量而贡献于可持续发展的一种承诺。

上海银监局于 2007 年 4 月正式发布《上海银行业金融机构企业社会责任指引》，指出银行业金融机构应主动履行市场主体应尽的社会责任，维护股东、员工、金融消费者等利益相关者的合法权益，促进经济、社会与环境的可持续发展。

二、商业银行社会责任的内容

（一）对员工的社会责任

在商业银行的各类资本中，也包含人力资本，这种人力资本来自员工所提供的劳动，也参与了企业的价值创造过程，并担负着相应的风险。因此，保护员工的利益是商业银行必须履行的责任之一。具体包括：尊重员工的法律权利，维护员工应享有的各项权益，为员工提供良好的薪酬福利待遇，提供卫生和安全的工作环境，保障员工的身心健康及人身安全，提供平等的就业机会、升迁机会和培训机会，鼓励员工参与管理，促进员工的自我发展，等等。

（二）对客户的责任

商业银行对客户的责任在于提供令客户满意的金融服务，主要包括，在服务理念上对客户的尊重，提供便利的服务设施，提供满足客户需求的金融产品，具有高效准确的金融服务效率等。

（三）对政府的社会责任

政府为商业银行提供了稳定的经营环境，制定了行业规则并提供了行业准入许可，以规范、维护现有银行业的行业秩序。因此，商业银行应向政府缴纳税收，以保持政府的正常运转，同时配合政府的政策，维护金融安全。例如，商业银行应遵守《中华人民共和国反洗钱法》的规定，按照《金融机构反洗钱规定》和《金融机构大额交易和可疑交易报告管理办法》，对洗钱行为进行监控、反馈和遏制等。

（四）对债权人、供应商等的社会责任

对这两类利益相关者的社会责任主要是要求商业银行应该按照与其签订的合同契约，如期履行契约责任，某种程度上体现为法律责任。

确保自己对众多存款的清偿能力是商业银行对债权人的社会责任，为此，商业银行应从安全性角度出发构建完善的风险管理体系，有效防范风险的发生，确保资金的安全。

（五）对社区的社会责任

孔茨和韦里克曾在《管理学》中提道：企业应与其所在的社会环境进行紧密的联系，积极参加社区的各种活动。商业银行作为一个营利性组织，在其经营管理中不可避免地会对周围环境产生影响，而良好的社区秩序能为企业带来稳定的周边环境。因此，商业银行与所在社区建立和谐的共存关系，不仅是对社区作出贡献，也是自身发展的要求。

另外，商业银行也担负着慈善、环保和促进社会进步等方面的道德责任。商业银行的慈善责任主要表现为赠与行为，包括向贫困地区、灾害防控机构、病残救治基金进行慈善捐赠。商业银行对环保的责任，可分为两个方面：一是应尽可能地减少自身日常运营对环境的负面影响，例如节水、节电、推行无纸化办公和网上银行等；二是坚持绿色信贷，控制

贷款的方向,在贷款审批发放时支持有利于节约资源和保护生态环境的项目,为实现经济、社会全面可持续和协调发展作出努力。

三、中国商业银行社会责任的现状

2003 年 6 月,花旗银行、巴克莱银行等世界著名银行在华盛顿宣布"赤道原则",这是"商业银行社会责任运动"的一个里程碑,对全球银行业践行社会责任起到了重大的指导作用。

我国商业银行在履行社会责任方面起步相对较晚,但是发展速度很快。2006 年 6 月,浦发银行作为我国银行业第一家商业银行在其网站上发布了《企业社会责任报告》,获得监管机构和社会各界的积极评价。2009 年,中国银行业协会发布《中国银行业金融机构企业社会责任指引》,为国内商业银行履行社会责任提供良好蓝本,同年又发布了《2008 年度中国银行业社会责任报告》,宣示了整个银行业对履行社会责任的积极态势。更具代表意义的是,2008 年 10 月,兴业银行宣布采纳"赤道原则",成为中国首家采纳"赤道原则"的金融机构。这代表着中国银行业在践行社会责任方面,尤其是在发展"绿色银行"领域实现了重大突破,有力地支持了"绿色信贷政策",是国内银行业履行社会责任中的一个标志性事件。此后,多家商业银行陆续发布了《企业社会责任报告》,截至 2011 年,我国有 16 家商业银行发布了《企业社会责任报告》。据统计,截至 2012 年年末,已有 20 多家银行明确了社会责任工作的责任部门。其中,交通银行、上海银行等在董事会下设社会责任委员会/可持续发展委员会;国家开发银行、中信银行等在总行层面设立专门的社会责任部门;中国工商银行、中国银行、中国建设银行等在总行综合管理部门明确社会责任工作的职能,全行业持续加大对社会责任工作的投入。

银行业金融机构社会责任履行已经不再满足于一时性的公益捐赠或慈善项目,更加强调社会责任履行的规划性、长期性。通过加强社会责任推进管理制度建设,制定出台符合企业实际的社会责任管理制度,推动社会责任工作的常态化和规范化。截至 2012 年年末,已有 10 余家银行制定了社会责任信息披露、工作指引、报告编制等专项社会责任管理制度,如国家开发银行制定《国家开发银行社会责任专项规划》,农业银行发布《中国农业银行社会责任工作指引》,民生银行制定《社会责任管理体系工作手册》等。商业银行企业社会责任报告简况如表 2-1 所示。

表 2-1　商业银行企业社会责任报告简况

首发年份	机构	商业银行企业社会责任
2006	浦发银行	通过对股东、客户、员工、商业伙伴、社区、自然资源、环境等利益相关者承担责任和义务,维护和增进社会利益,实现企业和社会协调发展
2008	工商银行	以企业公民的行为模式为基础,融入金融行业的独特内涵和标准,从经济、环境、社会三个层面,不断完善价值银行、绿色银行、爱心银行、和谐银行、诚信银行、品牌银行六维度立体式社会责任体系

(续表)

首发年份	机构	商业银行企业社会责任
2007	建设银行	坚持诚实、公正、稳健、创造的核心价值观,为客户提供更优服务,为股东创造更高价值,为员工提供更好的发展平台,为社会承担全面责任
2008	中国银行	社会责任报告阐述了对国家、股东、客户、员工和环境的社会责任
2009	农业银行	服务"三农"经济是农业银行强调的主要社会责任
2007	交通银行	作为该行履行社会责任的管理机构——社会责任委员会的职责是研究拟定全行社会责任战略和政策;审核涉及环境与可持续发展的授信政策;对履行社会责任的情况进行指导、监督、检查和评估
2007	招商银行	主要体现在"一个中心理念、三项履职方法、五大责任实践"上,即坚持可持续理念,通过服务、创新和利益共享三项方法,实现价值创造、客户服务、绿色发展、社会和谐、员工成长五大责任实践
2009	中信银行	切实履行作为银行业金融机构所应承担的经济责任、社会责任、环境责任,促进经济、社会、环境的和谐可持续发展
2009	民生银行	成立了社会责任委员会,从市场绩效、绿色金融、慈善公益、和谐共荣四个方面展开,社会责任项目体系包括文化公益项目、社会扶贫项目和其他公益项目
2001	汇丰银行	主要职责在于经济贡献、客户支持、员工发展、气候事务、社区投资、环境发展等方面。履行社会责任的重点是全球环境保护,包括森林保护、水资源研究、污染处理、气候变化研究、生物物种研究等多方面
2003	花旗银行	花旗银行的"社会责任在于对'负责任的金融'的贡献——衡量业务表现的标准,那就是透明的、可靠的、谨慎的金融行为。通过行使公民责任,保证客户利益最大化,同时履行全局的、系统性的金融责任"。其中保护客户利益是首位的责任

近年来,我国商业银行更频繁地出现在各类公益活动、慈善活动中。但是,诸多商业银行仍然存在着一味追求利润、置国家宏观调控政策和国家产业政策于不顾、社会责任意识普遍淡薄的现象。主要有以下几个方面。

(一)商业银行存在诸多缺乏诚信的行为

1. 银行业金融机构选择性放贷

银行业金融机构在我国金融市场资金配置中占据着重要地位,无论是企业还是公众,无论是存款还是融资,都以银行业为主渠道。然而,我国银行发放贷款的受众大多是国有大中型企业和与国家有关的重点项目。随着市场经济的发展和企业形式的多样化,银行业越来越多地向非国有企业放贷。即便如此,银行放贷的对象总体上仍以实力较强的企业为主,中小企业和成长中的企业很少能够获得银行贷款。这就出现了一个矛盾的现象,一方面,大企业由于有国家背景和雄厚的资金实力,实际上可得到资金数额和融资渠道都要广泛很多,但银行仍对其青睐有加;另一方面,中小企业很需要资金来发展壮大,却由于政策的限制及自身融资实力的薄弱,融资渠道非常有限,因而对银行贷款的依赖程度非常高,但此类企业却受到银行更多的歧视。因此,国有大中型企业比中小企业贷款更具优势的现象长期存在。

目前,已经有很多银行和其他相关部门认识到了这一问题,越来越多的金融机构也在努力研究如何解决这一难题。许多银行机构专门针对中小企业开发了金融产品,提供小额贷款、信用担保等服务,尤其是加大了对高新技术企业的扶持力度。政府部门也从法律和政策层面来帮助中小企业解决融资难的问题。2008 年 8 月 4 日,由中国人民银行(简称人民银行或央行)、财政部、人力资源和社会保障部联合发布《关于进一步改进小额担保贷款管理积极推动创业促就业的通知》,明确表明加大对劳动密集型小企业的扶持力度,放宽对这类企业的小额担保贷款政策,充分发挥其对扩大就业的辐射拉动作用。

2. 信息不对称

在金融交易中,交易双方的信息不对称是一个普遍的现象,信息不对称会产生两个问题:逆向选择和道德风险。

逆向选择是发生在金融交易之前的信息不对称问题。企业是资金的使用者,对借入资金的实际投资项目的收益和风险有充分的信息,并且因拥有这些私人信息而处于信息优势地位。而我国的银行业市场化不久,信息问题尚未得到足够重视,在信息极不对称的情况下,企业往往会利用信息优势,隐瞒真实信息甚至制造虚假信息,使银行盲目发放贷款,导致大量贷款无法收回。反过来,迫于回收贷款的压力,缺乏信息的银行实行了严格的信贷配给,又导致了所谓的"惜贷"现象。

相对逆向选择而言,道德风险则发生在金融交易之后。金融机构经营者有可能偏离所有者的利益,而从自身利益出发作出决策,使所有者蒙受损失。此外,一些银行为弥补较高的存款成本而在投资活动中冒更大的风险,因为作为存款契约剩余收益的求偿者,他们可以从高风险投资项目的获利中得到全部好处,而股权的有限责任性质又可以使他们避免承担投资项目失败的全部损失。因此,贷款者可能将贷款用于银行不希望从事的高风险领域,从而使这笔款项潜在的风险变得很高。

信息不对称的问题较为广泛地存在于我国银行业金融机构中,但不论是逆向选择还是道德风险,都对银行的正常经营产生不利的影响,而且这种信息不对称问题造成的社会负面效应也很明显。

3. 银行从业人员的职业道德缺失

银行从业人员的职业道德缺失行为基本可以分为两类。

一类是商业银行基层人员一些重复、简单、技术含量较低的违规违法犯罪行为。如银行财务和业务人员盗窃联行资金、盗窃金库、挪用储户存款、大额提现、地下钱庄洗钱、伪造假票据、伪造假存单以及内外勾结等。由于计算机技术的广泛应用,金融系统员工凭借自身专业知识,利用金融服务的时间差、地点差、利息差等谋取不正当利益。部分银行服务意识淡薄,缺乏诚意,致使自身的承诺与实际工作严重脱节。当前商业银行基层行的重复、简单、技术含量较低的犯罪行为,已经占到银行案件总数的80%以上。低级案件的重复发生,暴露了一些商业银行内部对基层管理的严重松懈,以及内控制度的不足。

另一类是银行高管人员贪污腐败。这类案件在银行案件总数上虽然不占主要份额,但其涉案金额、波及范围及危害程度却是相当严重。特别是随着商业银行改革的深化,一系列银行要案被频频曝光。在我国,商业银行上至行长,下至一般管理层,基本上都类似于国家干部,而不仅仅是商业机构管理人员的身份,因此掌握了一定的行政权力。而由于目前尚缺乏对高管人员的科学考核和选拔以及对其权力有效的内外部监督,致使部分高管人员利用手中特殊的权力,内外勾结,与其他银行从业人员、企业甚至政府官员串谋,进行种种违法犯罪行为,谋取私利,从而使银行乃至国家利益受损,给银行及整个金融系统信用造成不良影响,危害极大。

(二)缺乏承担社会责任的动力机制

商业银行归根结底还是经济组织,承担社会责任意味着要将一部分资源用于不以获利为目的的活动,这无疑会增加商业银行的成本。所以,要想使银行主动承担社会责任,就必须有成熟的动力机制。这一动力机制主要由两部分组成:一是内部动力,即银行如何不局限于仅仅追求利润,消除对承担社会责任的质疑和担忧,树立正确的社会责任观;二是外部动力,即外部压力,主要是来自监管机构、行业机构、非政府组织等社会机构的监督,以及相关法律政策的约束。而我国的现状是,银行既缺乏承担社会责任的内部动力,也缺乏外部动力。

1. 缺乏内部动力

虽然企业社会责任被越来越多的银行所关注,但是大部分银行仍然对企业社会责任存在很多片面甚至错误的认识,缺乏对社会责任全面透彻的理解。现存的误区主要有:银行唯一的责任就是追求利润最大化;银行应承担的企业社会责任仅仅是法律和经济责任之外的义务,是可以承担也可以不承担的;企业社会责任与企业的长期发展战略无关;履行社会责任会增加企业的成本,给企业的经营带来负担;创造就业、按章纳税、慈善捐款就是履行社会责任;等等。

首先,我国不少商业银行的高管人员还认为社会责任与企业的经营战略是无关的,还没有把社会责任纳入银行的公司治理和企业文化之中,与企业的长期发展相联系。其次,银行承担企业社会责任的确可能带来成本,有悖于追求经济利益的基本目标,但是实际经验证明,承担企业社会责任并不影响对正当经济效益的追求,并且具有更为积极和长远的意义。银行需认识到企业社会责任的重要性,有效利用履行社会责任带来的良好广告效应,加强社会公众对银行的认同感,赢得政府的支持,为银行的长远发展打下良好的基础。再次,银行还应当认真分析、深入理解企业社会责任的内涵,树立正确的企业社会责任观,积极向国外优秀金融机构学习经验,运用自身的特殊优势,来提升银行的企业社会责任理念,真正履行其作为金融机构对所有利益相关者的责任。

2. 缺乏外部动力

外部动力既包括了相关法律法规的完备,也包括如政府、行业协会、非政府组织、客户以及社会舆论等外部利益相关者的监督压力。目前,我国针对银行的外部动力机制还处于发展阶段,尚未为商业银行社会责任实践营造一个良好的外部环境。

第一,虽然有《中华人民共和国商业银行法》(以下简称《商业银行法》)、《中华人民共和国中国人民银行法》(以下简称《中国人民银行法》)、《中华人民共和国银行业监督管理法》(以下简称《银行业监督管理法》)、《股份制商业银行公司治理指引》和《股份制商业银行独立董事和外部监事制度指引》等针对银行业的法律法规,针对银行类金融机构的业务范围、组织形式、提高资产质量、降低信贷风险和保护存款人利益等方面作了规定,加强了对商业银行的合法经营权益和社会公众利益的保护。但是,截止到目前,我国仍然缺乏专门针对银行社会责任的相关规定和指导,还没有形成较为完善的法律体系来约束银行种种违背企业伦理、违反职业道德的行为。同时,也没有完整的行业内部准则来衡量银行社会责任的履行结果。

第二,对于银行来说,客户是决定其生存和发展的关键因素,他们可以按照个人意愿和偏好在市场自由选择满意的银行,从而对各家银行投出“货币选票”,即客户拥有判断商业银行竞争力强弱的最终裁决权。并且随着经济的发展和人们对社会责任关注意识的增强,客户的选择已不仅受经济因素的影响,满足于银行提供高质量的服务,还越来越青睐于具有社会责任的企业和产品。一旦他们认为银行提供的产品是有违社会伦理的,或者该银行的经营缺乏社会责任,就会拒绝消费,放弃选择该家银行。客户的退出对银行造成的影响是显而易见的。特别是在买方市场中,客户的联合退出对一家银行的打击是非常沉重的。但是在我国,金融消费者仍然处于弱势地位,往往缺乏应有的选择权和知情权,缺乏法律知识和维权意识,从而不构成对银行强有力的外部约束。

(三)没有发挥对社会资金流向的引导作用

银行通过贷款等业务将社会资金进行了重新分配,在这一过程中,银行应当遵循效率与公平兼顾的原则,应关注各经济主体对银行服务的需求,加大对资金稀缺部门的信贷支持力度,以达到社会效用最大化的目的。但实际上,我国的银行业普遍存在着过度选择性放贷的现象。一方面,受利益驱使,我国商业银行往往采取短期行为,贷款投向盲目,只顾追求自身利益的最大化,忽视了可能引发的社会风险;另一方面,对环境保护资源节约型的项目、高新技术企业等有利于社会可持续发展的资金需求方,我国银行的支持还非常有限。例如,房地产市场的快速发展给金融业带来了巨大利润,但随着房价的快速上涨,“住房难”已成为社会普遍关注的问题。一些商业银行为谋求自身的利益,置国家相关政策于不顾,大量发放住房信贷,致使国家调控政策的作用大大削弱。又如,银行为了追求利润,不仅不减少资金流向高能耗、高污染的行业和项目,反而将大量资金贷出,完全不考虑这些企业或项目给环境和资源造成的损害,不考虑社会的可持续发展,这种做法在某种程度上是一种助纣为虐的行为。

此外,我国银行对社会公益事业的支持力度也不够。根据“2008中国慈善企业排行榜”排名,可以看出,在前10名慈善企业中,只有一家金融机构——排名第十的平安保险,在2007年捐赠9 881万元。排名最靠前的银行是建设银行,列第19位,在2007年共捐赠5 550万元用于抗灾和公益建设。而如果按照企业年营业收入排名,在2008年中国企业500强中,在前10名中,金融机构占了5个,并且四大银行的排名均在前10位。可见我国金融机构在支持慈善事业方面的表现,就与其自身实力极不相称。

（四）社会责任的实践仍受制度制约

1. 计划经济体制遗留的产权问题

计划经济体制的高度集中性在特定的历史时期的确起到了非常重要的作用,但随着经济的发展,计划经济体制的弊端日益显现,旧体制下的产权不明确问题也是银行伦理缺失的根源之一。我国四大银行股改前是国家独资银行,股改前存在所有者虚化、产权边界不清晰和资产权责不明确的弊端,银行无法以独立法人身份走向市场。股改后,治理结构仍主要体现"党管干部"的原则,董事会在聘任行长方面没有多少实质性的发言权;银行的控股权也仍然掌握在国家手里;规章制度等也是参照国有商业银行的标准制定,民间资本难以进入。

2. 政府主导型融资制度

在很多领域,我国仍然实行政府主导型融资制度,这种制度是在政府部门的强力介入下,基于一种自上而下构建的明显带有集权性特征的社会信用结构,带有明显的非市场化特征。资金流动的方向、价格等在很大程度上受到政府强有力的控制和制约。在政府过度的干预下,高风险项目的逆向选择和借款人的道德风险行为屡见不鲜,因为资金的供需双方都知道由此产生的巨大风险将由政府兜底。

3. 市场结构的影响

市场结构对企业社会责任的影响是很重要的。在垄断市场和竞争市场上,企业承担社会责任的机制是不同的。在垄断市场上,企业的产品没有竞争压力,可以获得垄断利润。此时,企业承担社会责任的内在动力主要有:一是内部管理的需要,包括改善工作条件和环境,激励员工;二是经营者自身的价值观念。这两种动力具有随机性和偶然性,且政府对此干预也有限,所以在此类市场上,企业的社会责任情况总体是较差的。在竞争市场上,企业面临多方面的竞争和压力。为了在竞争中胜出,企业就需要将产品、服务和相关社会因素结合起来,于是,承担社会责任就成为一种有效的手段,企业可借此来扩大宣传、抢占市场和打压对手。

我国目前的金融市场还不是有效的竞争市场,虽然银行机构逐渐增多,政府也逐渐减少对银行的干预,但是实际上仍是少数几家大银行占有着绝大部分的资金,具有部分垄断市场的特征。因此,这种金融市场结构也是银行不能很好地践行社会责任的因素。

四、完善商业银行社会责任的政策建议

（一）完善公司治理,健全商业银行社会责任制度化体系

银行的社会责任需要关注和维护利益相关者的利益。一是要设立社会责任专门机构。目前,虽然部分银行设有专门机构负责社会责任相关事务,但大部分银行社会责任管理较为分散,建议完善企业公司治理,在董事会或高级管理层下设社会责任委员会,研究社会责任管理的战略与规划、审阅企业社会责任的执行情况及社会责任报告披露等。二是推动社会责任建设制度化,将社会责任纳入商业银行发展战略。社会责任是一项系统

工程,只有制度化才能使商业银行规范化、长期化,提高商业银行社会责任工作审核、实施、评估效果。同时建立可量化的社会责任指标体系,使商业银行的社会责任更具标准化、更具可行性,并将指标完成情况纳入业绩考核,适时地自我评估。此外,应该及时公布社会责任报告,报告其取得成就和长远规划,以塑造商业银行良好的社会形象。

(二)将履行社会责任和业务发展相统一

企业履行社会责任有其自身的界限,作为银行业金融机构,商业银行不可能无限地承担社会责任。从长期看,商业银行需要结合自身的业务特点,发挥金融杠杆、金融普惠等功能,创新履行社会责任的形式,推动社会责任工作的可持续发展。比如,可以借鉴光大银行"寓利于义"的思想,通过完善绿色信贷审批、管理,发挥金融杠杆作用;开展定点扶贫、助学等公益活动,推动金融普惠工作,使更多人共享金融发展的成果,实现社会责任与业务发展的统一。

(三)积极发挥信贷资金的导向作用,服务经济转型、社会发展、民生关怀

一是服务低碳经济建设。要加强信贷项目环境与社会评估,优化业务流程,积极开发绿色信贷产品。二是推动中小微企业发展。中小微企业是国民经济的重要支撑,是市场经济发展的主要参与者。商业银行需创新信贷业务品种,扩大中小企业的贷款选择范围,简化业务流程和担保手续,创新中小企业业务经营模式,为中小微企业提供高效、便捷的金融服务。三是服务"三农"事业。我国是农业大国,农业、农村、农民问题不解决,小康社会就不可能全面建成。金融业对服务农村意义重大,目前仍有很多农村不能享有基本的金融服务,需要商业银行勇于承担社会责任,推动金融普惠。四是金融业要为服务业的发展服务。促进经济转型,推动社会充分就业,加快服务业的发展,这都需要金融业的大力支持。

(四)加强员工交流与培训,增强履行社会责任的意识

企业社会责任的根本动力源于企业员工的认识与执行。推动商业银行社会责任建设,必须培养商业银行全体员工的社会责任意识,同时还应该明确树立商业银行的社会责任理念,使社会责任履行成为企业文化建设的一部分,并贯穿于商业银行经营管理的过程之中。在具体实施上,需要"高层重视,全员参与,自上而下积极推动"。作为商业银行高级管理层,必须从自身出发加强对社会责任的认识,通过参加国内外社会责任工作的交流与培训,完善企业文化建设中社会责任意识的培养。同时通过社会责任理念的灌输和实践,使之成为企业全体成员的共识,通过企业文化的熏陶、社会责任相关材料的学习,增强员工对商业银行社会责任履行的认同。特别是具有决策权力的高层职员,要改变银行业发展重经济效益、轻社会利益的传统思想,提高自身素质,在低碳办公、绿色信贷、和谐企业建设等方面将社会责任工作融入企业日常运营中。

(五)完善立法与社会监督,加强商业银行社会责任的外部约束

虽然社会责任的履行主要依靠商业银行的自律,但由于商业银行责任意识还有待加强,社会责任的有效落实也有赖于外部的监督约束。一是要提高企业社会责任的立法质量,在《商业银行法》中提出并完善企业社会责任的概念,增加法规的可操作性,尽可能地使商业银行社会责任趋于细化,为商业银行履行社会责任提供参考,同时也为执法提供依据。二是银保监会可以通过制定相应的社会责任标准,量化商业银行考核指标,引导商业银行履行社会责任;同时,对商业银行社会责任报告内容要求进行细化,避免报告成为商业银行的宣传手册,使商业银行的社会责任制度化。此外,还要配套相应的问责制度,对不履行社会责任的商业银行,给予相应的惩罚。三是银行业协会、其他社会团体、媒体、公众共同推动银行承担社会责任。注重发挥银行业协会、新闻媒体等对银行社会责任的监督作用,通过社会责任活动公示评比等,营造承担社会责任的社会环境,让社会公众关注社会责任。同时,推动商业银行建立与各利益相关主体的沟通渠道、官方渠道与民间渠道的分工协调,切实提升我国商业银行的社会责任水平。

第三节　金融机构社会责任

金融机构控制宏观经济命脉和社会资金融通活动,其承担起社会责任对众多企业会产生较大的政策激励效应,对预防大型企业滥用经济力量起到约束作用,同时有利于实现自身和社会的多方共赢。因此,金融机构区别于一般企业,在我国企业社会责任发展过程中扮演着重要角色。但相较西方国家,我国企业在社会责任发展方面起步较晚,而现阶段在环境、资源压力不断增大的严峻形势下,作为特殊行业的金融机构,在保持国家经济持续发展的同时,如何有效实践社会责任、推动社会进步以及建设和谐社会是金融机构要面对和解决的重要任务。

一、金融机构社会责任的定义

金融机构在国家经济发展中起着推动的作用,具有资金集散和配置的功能,在推动企业社会责任的运动中发挥着举足轻重的作用。金融机构承担起社会责任,对其自身、对金融行业和整个社会发展都是非常有利的。金融机构在经济利益和社会责任之间找到平衡点,通过合理的资源配置、借贷投放等手段更好地推进社会经济发展、正向引导社会的消费和生活方式,体现企业社会责任的理念,实现政府、社会、环境、企业、自身等多方共赢的局面,从而实现其社会责任目标。

二、金融机构承担社会责任的意义

(一)带动履行社会责任,促进和谐发展

金融机构履行社会责任能起到示范作用,还可以带动其他社会组织共同履行社会责任。在企业履行社会责任的过程中,金融机构作为社会资源的供给者,通过其提供的产品和服务,促进企业社会责任可持续地发展。例如,海尔产业金融是海尔金控旗下专注于产业金融服务的主体,该机构定位"积极的金融、生态的金融和合作的金融",以构建良性运转的产业生态圈为目标,提供综合金融、技术交流、管理咨询及多元资源整合服务。为某市承担供水业务以及污水处理业务的一家公司,在缺少资金运行的情况下,海尔产业金融为其提供总额度 1.4 亿元的融资,并为该公司设计运营方案和协议文件,最终使该公司能

持续运行下去,继续为全市提供供水和污水处理业务,为全市市民带来了福音。

(二)实现资金合理配置,防范金融风险

从金融机构内部运营看,金融机构需通过有效资源配置,制定严格风险防范制度,从而保证金融市场良性运营。从金融机构对外投资看,其在提供融资服务的过程中,金融机构对融资企业进行严格审核和监督约束,从而牵制企业在此过程中的不恰当行为,以避免对市场产生不良冲击,预防风险发生。如日本曾经发生非常严重的产能过剩现象,其根本原因主要是提供融资服务的金融机构对一些已经连年亏损、陷入困境的“僵尸企业”(指已停产、半停产、连年亏损、资不抵债,主要靠政府补贴和银行续贷维持经营的企业)持续给予输血,无视此举背后的巨大风险,从而加剧了当时日本产能过剩的困顿状态。所以,金融机构只有通过有效资源配置,制定严格风险防范制度,才能持续地履行社会责任,并保证金融市场的稳定发展。

(三)减轻政府资源压力,实现互助共赢

政府在扶持企业承担社会责任方面起着重要决策和支持作用,然而大量资金的投入,会使政府陷入有心无力的境地。金融机构作为宏观经济的支柱,有责任为中国经济的良性循环贡献力量,承担一部分有利于政府实施宏观政策的企业社会责任,为其提供融资、制定相关贷款政策;为消费者和投资者提供充足资金和优质服务;缓解通胀压力、治理污染及投资于公益事业等。政府可以给予金融机构一定的政策扶持,促进政府、企业与金融机构的良好合作,互助共赢,从而更好地实施社会责任。

三、金融机构社会责任的内容

(一)金融机构内生性社会责任

1. 金融机构对股东的社会责任

金融机构对股东的社会责任是最根本的责任。股东的资本投入,使金融机构得以持续发展。金融机构必须合理使用股东投入资本,以使股东资本壮大和增值。同时,金融机构有责任向股东提供真实的经营情况、投资等信息,保证股东资金安全。

2. 金融机构对员工的社会责任

金融机构要实现其远景目标,最大的支持来自其机构员工的共同努力。金融机构应该在其发展过程中,关心员工安全和健康、尊重员工的情感、重视员工的培训和发展、使员工在企业能获得工作满足感和归属感。保障员工可持续地发展是金融机构必须重视的社会责任。员工如能在机构中获得实现自我价值且认同企业文化,那么金融机构无论在经济、法律、道德和社会责任方面,都能够获得最大的保障。

3. 金融机构对客户的社会责任

金融机构要建立长效经营机制,需要获得客户的信任和长久支持,所以金融机构为投资者、消费者提供最好的服务,是金融机构最基本的社会责任。金融机构需对不同群体提供针对性服务,通过合理稳健的经营策略来提升内部风险控制机制、提供社会有利的商品和服务,提高经营水平和业绩,从而收获利润促进自身发展、回馈投资者,这是金融机构需

解决的首要问题。金融机构还应承担客户教育的责任,积极开展金融知识普及教育活动,引导和培育公众金融意识和风险意识,为客户财产安全保障作贡献。金融机构应认真履行对客户的责任,为客户创造良性环境,让客户更安心,从而提高金融机构的社会声誉,为金融机构持续地发展提供有力保障。

4. 金融机构对政府的社会责任

政府为了更好地实现人与社会、人与自然和谐发展,需依靠大量社会资源来进行建设。作为在社会资源配置中占有重要地位的金融机构,在选择贷款项目时,应认真研究分析国家产业政策,严格执行国家有关政策要求,采取有效措施,做到追求自身经济效益和承担社会责任相结合;优化贷款投向,切实加大对服务业和成长性良好的中小企业的信贷投入,实现经济、社会全面可持续协调发展,为政府政策提供强有力的金融支持。

(二)金融机构外延性社会责任

1. 优化信贷结构

金融机构具有资源配置功能,如果能发挥自身优势,利用信贷杠杆作用,优化信贷结构,把握市场需求的变化规律,合理分配信贷资源,对国家产业政策鼓励项目积极给予信贷支持,对于限制和淘汰类项目严格控制贷款投放,推动产业良性发展,实践对自然生态维护和资源节约的责任,可以更有效地对环保、节能、民生等问题进行改善,从而为社会经济稳健发展保驾护航。

2. 加大政策性贷款支持力度

国家助学贷款是党中央、国务院用金融手段完善我国普通高校资助政策体系,加大对普通高校经济困难学生资助力度所采取的一项重大措施。金融机构应承担相应的社会责任,积极建立和完善助学贷款长效发展机制,为高校贫困新生提供助学贷款,努力推进国家助学贷款等政策性贷款,使广大人民群众能共同受益。

3. 开展公益性活动

随着金融机构对社会各个方面的影响越来越大,金融机构在实现盈利的同时,也应该关心社会发展、公益事业和慈善事业,并开展符合其能力和特点的公益性活动,更好、更快地促进社会发展和社会公共福利事业的建设。

四、金融机构社会责任的欠缺

(一)缺乏风险控制力

中国的不良贷款问题一直是威胁中国金融安全的最大隐患,金融机构内部缺乏风险控制机制,表现在贷前调查、贷时审查、贷后检查等环节的不严格,导致不良贷款现象严重。因此,金融机构要实现盈利、控制风险,达到可持续发展,要遵从社会责任和行为准则,提高其专业性、可靠性和良好道德意识,建立风险防范机制来承担持续的社会责任。

(二)缺乏社会责任理念

有的金融机构由于缺少以社会责任为核心的企业文化,在经营过程中偏重对利益的追逐,一味追求企业利益最大化,热衷于机会主义、短期行为,忽视企业社会责任的长期影响。从执行情况看,很多金融机构并没有定时发布社会责任报告,也没有将企业发展和社会责任的落实联系在一起;金融机构管理层未能自觉地重视社会责任,将社会责任要求和标准融入企业文化理念中,对履行社会责任重视度不够。从客户需求看,客户需要高效的金融服务,可靠和安全的金融产品,然而,当前广大居民对金融服务的需求和金融机构服务供给不匹配之间的矛盾日益突出。

五、金融机构社会责任提升途径

(一)树立正确的社会责任理念

树立正确的社会责任理念,是金融机构承担社会责任的根本动力。缺少社会责任理念,使得金融机构在经营中以追逐利润为主要目标,从管理层到员工,缺乏核心价值观的建立和推广。很多企业未将公司社会责任要求和标准统一到企业政策和行为准则中,故社会责任的承担未能得到规范、全面的实施。金融机构各部门需认识到承担社会责任的重要性,并把这个理念落实到日常工作中,提升思想水平。

(二)建立有效的责任机制

由于长期以来,金融机构缺乏社会责任意识,没有相应的考核标杆。建立有效的责任机制,便于发现金融机构在实际操作过程中的问题并及时纠正,提升企业社会责任履责水平。建立有效的责任机制有利于金融机构确定社会责任目标,明确社会责任方向,建立良好的社会责任环境。建立有效的责任机制,可以全面推进金融机构履行社会责任水平,更好地使金融机构考虑自身发展与利益相关方、环境的关系,进而实现企业可持续地发展。

(三)创新产品服务

金融机构要围绕客户的需求创新服务,在金融机构风险可控范围内,使金融产品、金融工具品种更加多样化,满足各方不断增加的金融需求。随着我国经济发展的加快、市场规模不断扩大、市场参与者不断增加,金融机构还要不断改进金融产品与服务,加快产品研发与创新,以应对国际竞争和各种挑战。如银保监会将持续引导全行业通过着力创新体制机制,在助力脱贫攻坚、构建社会保障体系、提高社会治理水平、完善防灾减灾体系、服务国家经济转型中持续发力,鼓励各保险机构把加快产品服务优化和推动业务转型升级有机结合起来,在履行企业社会责任与提升企业发展能力之间达到和谐统一,追求经济效益与社会效益双赢。

(四)健全法律机制

我国目前还没有完善的法律来约束和激励企业社会责任的执行行为。如果要不断建立、完善金融业可持续发展的制度基础,就要用严格的制度约束金融机构履行健康发展的社会责任,规范金融业运营规则和秩序,防范风险发生。通过制度、法律的不断建立和完善,引导金融机构将社会责任纳入战略目标管理中,把商业标准与社会标准、环境标准统一起来,实现资源配置最优化。

巩固训练与提高

一、概念题

1. 企业社会责任　2. 商业银行社会责任　3."惜贷"现象

二、判断题

1. 企业只要适应环境的变化,在经济有利可图的范围内,向社会提供更高质量的产品和劳务就能维持自身的生存和发展。　　　　　　　　　　　　　　　　　　　　（　　）

2. 企业的社会责任要求企业必须超越把利润作为唯一目标的传统理念,强调在生产过程中对人的价值的关注,强调对消费者、对环境、对社会的贡献。　　　　　　　（　　）

3. 从古典观点角度来看,认为企业不应当承担社会责任。　　　　　　　　　（　　）

4. 社会经济学观点认为利润最大化是企业的第二目标,企业的第一目标是保证自己的生存。为了实现这一点,它们必须承担社会义务但不必承担由此产生的社会成本。（　　）

5. 社会主义企业不仅要重视员工对生产经营的作用,还必须重视员工在政治、文化、科技等方面的素质的培养与提高。　　　　　　　　　　　　　　　　　　　　（　　）

6. 社会经济学观点认为,企业必须承担社会义务以及由此产生的社会成本。（　　）

7. 企业的生产经营活动只需在经济上与国家和社会保持一致。　　　　　　（　　）

8. 当企业面临明显社会经济后果的各种问题时,靠企业自身就能够解决。　（　　）

9. 银行业金融机构社会责任的履行只需满足一时性的公益捐赠或慈善项目。（　　）

10. 商业银行的社会责任与企业的经营战略是无关的,所以无需把社会责任纳入银行的公司治理和企业文化之中,与企业的长期发展相联系。　　　　　　　　　　（　　）

11. 在我国,金融消费者仍然处于弱势地位,往往缺乏应有的选择权和知情权,缺乏法律知识和维权意识,从而不构成对银行强有力的外部约束。　　　　　　　　（　　）

12. 银行在承担社会责任的过程中,需要"高层重视、全员参与,自上而下积极推动"。　　　　　　　　　　　　　　　　　　　　　　　　　　　　　　　　　（　　）

三、单选题

1. 下列各项中,属于古典观点有关社会责任的描述的是（　　　　）。

A. 当管理者自作主张将企业资源用于社会利益时,并没有增加经营成本

B. 企业资源用于社会利益产生的成本只能通过降低股息回报由股东所吸收

C. 企业不应当承担社会责任

D. 企业可以承担社会责任,但这种责任仅限于为股东实现企业利润的最大化

2. 下列各项中,属于社会经济学观点关于社会责任的描述的是（　　　　）。

A. 社会经济学观点认为利润最大化是企业的第一目标,企业的第二目标是保证自己的生存

B. 企业在制定决策时,应遵守法律法规,关注道德价值,同时遵守公民道德准则,服务社区并保护环境

C. 公司只是对股东负责的独立实体,它们无需对社会负责

D. 社会经济学观点认为,企业无需承担社会义务以及由此产生的社会成本

3. 下列各项表述中,正确的是(　　)。

A. 企业只要正确处理自身与国民、社会间的关系,就能实现其经济目标、稳定持续地发展

B. 企业只有在正确处理自身与国民、社会间的关系,乃至正确处理与人类根本利益的关系时,符合社会的要求,才能实现其经济目标,稳定持续地发展

C. 企业只要正确处理与人类根本利益的关系,就能实现其经济目标、稳定持续地发展

D. 企业只要正确处理自身内部的关系,就能实现其经济目标、稳定持续地发展

4. 道德银行出现于(　　)。

A. 20 世纪 80 年代

B. 20 世纪 60 年代

C. 20 世纪 70 年代

D. 20 世纪 90 年代

5. (　　)属于商业银行存在缺失诚信行为。

A. 银行业金融机构选择性放贷

B. 信息不对称

C. 银行从业人员的职业道德缺失

D. 以上都是

6. 对于我国商业银行承担社会责任现状的描述中,错误的是(　　)。

A. 我国不少商业银行的高管人员还认为社会责任与企业的经营战略是无关的,还没有把社会责任纳入银行的公司治理和企业文化之中,与企业的长期发展相联系

B. 企业往往会利用信息优势,隐瞒真实信息甚至制造虚假信息,使银行盲目发放贷款,导致大量贷款无法收回

C. 目前我国针对银行的外部动力机制已趋于成熟,为商业银行社会责任实践营造了一个良好的外部环境

D. 截止到目前,我国仍然缺乏专门针对银行社会责任的相关规定和指导,还没有形成较为完善的法律体系来约束银行种种违背企业伦理、违反职业道德的行为

7. 下列各项中,不属于商业银行积极发挥信贷资金的导向作用,服务经济转型、社会发展、民生关怀的措施是(　　)。

A. 服务低碳经济建设　　　　　　　　　B. 大量发放住房信贷

C. 推动中小微企业发展　　　　　　　　D. 服务"三农"事业

8. 下列各项中,关于通过完善立法与社会监督,加强商业银行社会责任的外部约束的描述中,准确的是(　　)。

A. 提高企业社会责任的立法质量

B. 商业银行社会责任报告内容可以以宣传手册形式出现

C. 不履行社会责任的商业银行,无需接受相应的惩罚

D. 银行履行社会责任的过程无需接受银行业协会、新闻媒体等的监督

9. 以下关于企业社会责任的描述中,不准确的是( )。

A. 企业对政府的社会责任反映在企业参与政府管理各个方面以及企业遵守国家法律方面

B. 企业利润的最大化最终要借助于消费者的购买行为来实现,所以企业成败的关键在于有无消费者及消费者的多寡

C. 企业对员工所承担的社会责任就是为其提供工资及各种福利等物质生活保障

D. 企业有责任向股东提供真实、可靠的经营和投资方面的信息,不得欺骗投资者

10. 促使企业积极承担社会责任的主要因素是( )。

A. 承担社会责任的良好行为有助于企业在公众中形成良好的口碑

B. 社会责任的履行能为组织增添吸引力,从而留住优秀雇员,形成良好的组织氛围

C. 社会责任中的道德规则能有效地约束组织的日常行为,从而尽可能地避免使用非法的和不道德的手段

D. 以上都是

四、简答题

1. 简述企业社会责任的内容。

2. 企业社会责任的范围有哪些?

3. 企业社会责任的特点是什么?

4. 影响企业承担社会责任的因素有哪些?

5. 请简述商业银行社会责任的起源。

6. 商业银行社会责任的定义是什么?

7. 商业银行社会责任的内容有哪些?

8. 请简述中国商业银行社会责任的现状。

9. 请列举商业银行社会责任存在的问题。

10. 如何完善商业银行社会责任,有哪些相应的政策建议?

11. 请简述商业银行在社会责任实践中受到哪些制度制约?

12. 银行如何有效发挥对社会资金流向的引导作用?

第三章 生 态 金 融

学习目标

(1) 了解生态金融概念提出的背景、生态金融的概念。

(2) 理解生态金融政策、生态金融市场和生态金融机构。

(3) 掌握生态金融功能的具体表现、生态金融国际和国内发展阶段、情形,以及目前我国商业银行从事生态金融的主要业务、生态金融产品类型。

(4) 明白要推进生态金融的战略重要性与现实紧迫性的含义和我国生态金融发展面临的挑战和问题。

能力目标

(1) 能论述生态金融这一经济发展形式出现的必然性。

(2) 能结合我国生态金融现状,论证推进生态金融的战略重要性与现实紧迫性。

案例导入

案例 3-1 摩洛哥的太阳能发展计划

摩洛哥政府在欧盟的支持下,制订了太阳能发展计划。摩洛哥政府预计到 2020 年太阳能将占其可再生能源的 14%,同时向欧洲出口电力能源。为了该项目的持久延续,摩洛哥政府成立太阳能管理局,专门负责该项目,并准备充足的资金来支付此项目的成本。为了降低项目运营风险,国家先以"购电协议"的形式购买所生产的电力。通过竞争性投标,入围企业将组成太阳能电力公司,与政府签订长期合同,按照合同确保项目的持续实施,而且以有竞争力的投标价格将未来产出的电力销售给太阳能管理局。

讨论:

摩洛哥"太阳能发展计划"得以顺利开展的有利因素有哪些? 有何借鉴意义?

案例 3-2 合肥清溪净水厂融资项目

合肥清溪净水厂是一座全地埋式污水处理厂,该厂避免建在城市集中区或者人口聚集的区域,这使它成为环境友好型的工厂。在该项目建设过程中,金融机构扮演了重要角色。2015 年 4 月,国祯环保中标了"合肥清溪净水厂及其配套管网 PPP 项目",该项目总投资约 5.3 亿元,兴业银行合肥分行采用了产业基金方式切入,解决了项目资本金方面的融资问题。合肥清溪净水厂融资项目是兴业银行实行绿色金融的一个缩影。数据显示,截至 2018 年第一季度末,兴业银行已累计为 14 730 家企业提供绿色金融融资 14 869 亿元,绿色金融融资余额达 7 222 亿元,绿色信贷不良率仅为 0.29%。

讨论:

结合上述实例讨论我国生态金融发展的有利条件是什么,推进的有效措施有哪些。

第一节 生态金融的特征及其功能

一、生态金融的概念

(一)提出背景

面对资源紧缺、环境污染严重、生态系统退化的严峻形势,中共十八大报告首次以独立篇章系统地提出了大力推进生态文明建设的总体要求,强调要把生态文明建设放在突出地位,融入经济建设、政治建设、文化建设、社会建设等方面和全过程,纳入社会主义现代化建设总体布局。十八届三中全会通过的《中共中央关于全面深化改革若干重大问题的决定》提出建设生态文明,必须建立系统完整的生态文明制度体系。

根据美国几所著名研究机构联合推出的环境表现指数来看,中国已是世界上环境问题最严重的国家之一。在所列的世界 132 个主要国家与地区中,中国环境表现综合排名为第 116 位,在空气质量上的排名更达第 128 位。2013 年第三季度重点城市空气报告显示,京津冀地区 13 个城市空气质量超标天数高达 62.5%。此外,2014 年,在全国 600 多座城市中,有 300 多座城市缺水,其中严重缺水的有 108 座。对于如此恶劣的环境压力,尽管党的十八大提出了"生态文明"建设重任,但真正落实起来,却是行政监管手段乏力,环保资金投入捉襟见肘。

近年来,国家在一系列重要政策文件中对金融支持环境保护的重点领域、业务模式、产品创新、政策机制等方面作出了总体安排和全新要求。2013 年 9 月 10 日,国务院发布《关于印发大气污染防治行动计划的通知》,明确提出"引导银行业金融机构加大对大气污染防治项目的信贷支持。探索排污权抵押融资模式,拓展节能环保设施融资、租赁业务"。2013 年 11 月 12 日,十八届三中全会通过的《中共中央关于全面深化改革若干重大问题的决定》,旗帜鲜明地指出要"健全多层次资本市场体系""鼓励金融创新,丰富金融市场层次和产品",完善金融市场体系,加强金融基础设施建设,对创新环保投融资管理提出了明确要求。2014 年 3 月 5 日,李克强总理在政府工作报告中再次明确指出,"要加快投融资体制改革,推进投资主体多元化"。

在此背景下,我们可以看出,生态金融是"生态文明和环境保护"范畴下的概念,目的是通过金融手段来实现环境保护和生态多样化,解决的是保护生态环境方面的问题。生态金融是借助金融市场机制来实现生态保护目的的新型金融运行或生产模式。在这种运行模式下,通过生态金融产品的创新和流通,金融机构或公司获取的是正当的利润,而环境管理者和环保组织获取的是一种"正外部性"——人类生态环境的可持续发展。

(二)何谓生态金融

生态金融是一种将金融发展和环境保护相结合的经济发展形式。具体而言,金融和环保的结合方式主要包括金融部门在投融资决策中会考虑生态环境保护的因素,通过金融手段促进企业和个人自觉地保护生态环境,利用金融的方式抵御自然环境灾害带来的经济损失等方式。相对传统金融活动,生态金融更加强调环境利益,更加关注环保产业和生态,更加注意将资金引导到环保产业、生态产业。

广义的生态金融是一个通俗模糊的概念,本质上是环境金融。狭义的生态金融也称绿色金融,是指以国家和地区环境保护及生态平衡为目标的创新金融模式。其内涵包括:其一,利用创新金融模式处理和防治污染,并实现资源的可持续利用和生态环境的平衡发展;其二,开发创新金融产品规避及有效管理各类环境风险;其三,运用创新金融机制引导资金流向,实现环境资源和社会资源的优化配置,创造盈利模式,提高社会福利;其四,实施有效的金融监管,减少信息不对称现象,解决环境领域中存在的道德风险和逆向选择问题,为环境行为提供正当的激励。

广义的生态金融体系包括生态金融政策、生态金融市场、生态金融机构及业务等方面的内容。生态金融政策是指在特定生态环境规则约束下的金融行为准则,包括行业的自律规范、外部的政策规章、标准体系等。生态金融市场是指各种生态金融工具交易的场所,是建立在生态金融商品买卖或交换基础上由交易场所、交易机制、交易活动、交易主体、交易产品等组成的统一体,既包括交易环境类、碳减排类金融商品的金融市场,也包括传统金融市场的"生态化"。生态金融机构包括银行、证券公司、保险公司、基金公司、信托公司、期货公司、融资租赁公司、财务公司、环境交易所等机构,提供生态金融服务与生态金融产品创新,是生态金融领域的主要参与者和推动者。

二、生态金融的特征

要理解生态金融,必须将生态金融与金融生态区别开来。金融生态是指金融机构在良好的管理制度、内部控制、微观制度环境和宏观制度环境的保障下持续健康运行,从而实现金融资源的合理配置、金融体系的良性循环以及金融与社会的可持续发展。

而生态金融的本质就是环境权的价值的跨时空交易,也就是生态期权,它具有动态性、长期性、人本性、创新性等特征。生态金融活动的核心,是实现环境权价值跨时间、跨空间的交换。环境权的清晰界定,是生态金融发展的基础。如果缺乏明确的环境权界定,生态金融活动的成本和收益在很大程度上就是不确定的,这将从根本上阻碍生态金融市场的形成。如果有明确的环境权制度安排,就容易发展环境权的交易,也就是直接生态金融。有了环境权交易市场,以这个市场为基础的环境权期货市场、债券市场乃至资本市场就具备了快速发展的条件。因此,必须在环境权价值的基础上理解生态金融,对生态赋予科学合理的价值之后才能与金融进行融合,利用经济手段推进生态保护工作。

在实际工作领域,生态金融是金融产品与市场在生态环境保护领域的应用,是一种强制或者自愿的方式,创新传统金融手段,实现保护生态环境目标。传统的生态环境保护工作依靠市场调节的经济激励手段,例如排污收费、环境税等,更多地强调其强制性和较多地强化管理的"末端"。生态金融通过金融创新手段把经济效益和生态效益结合起来,通过合理的资金配置来完成环境目标和规避环境风险,强调市场的主导性并且重视效益和效率。生态金融强调维护人类社会的长期利益及长远发展,把经济发展和环境保护协调起来,更好地促进经济社会健康有序发展。因此,有别于传统金融以盈利为核心,生态金融需要在参与主体、运作环境、人才培养、资源成果等方面进行创新,不仅要通过金融手段实现经济利益,同时更强调实现优化环境、促进人类可持续发展的目的。

具体操作层面,与传统的金融业务运营模式一样,生态金融业务主要依托于银行、证券、基金等业务部门,并以这些部门为载体开展与生态环境相关的交易活动。

从金融与环境的关系视角看,重新审视金融,将"环保""生态"和"可持续发展"的新理念注入其间,改变过去高消耗、低产出、重数量、轻质量的金融增长方式,形成有利于节约能源、降低消耗、增加效益、改善环境的金融发展模式,特别是要形成有利于环境保护的生态金融运行机制,以促进金融业的可持续发展。

以"金融"的眼光关注环保产业,为其发展提供相应的金融服务,从而使环保产业得到金融支持而走上快速、稳健的发展道路。生态金融的推行,能够有效地弥补传统金融活动的种种不足。生态金融的推行能更好地发挥金融活动对社会经济状况和发展水平的积极贡献,减轻消极影响。

三、生态金融的功能

生态金融是传统金融的一种创新模式,有别于传统金融以盈利为核心。生态金融需要在参与主体、运作环境、人才培养、资源成果等方面进行创新。不仅要通过金融手段实现经济利益,同时更强调实现优化生态环境、促进人类可持续发展的目的。

与传统的金融业务运营模式一样,生态金融业务也主要依托于银行、证券、基金等业务部门,并以这些部门为载体开展交易活动,如绿色贷款、绿色债券等。生态金融产品包括排污许可证交易、环境类公司股票、环境投资基金、环境保险等。生态金融通过金融资金流量和投向的调节,在经济行为和环境行为之间架起一座桥梁,发挥金融的直接撬动作用,具体表现如下。

1. 创新金融手段

由于中国地方政府的融资平台受限,土地财政收缩,所以,资金来源成为目前制约水治理、土壤修复的一大瓶颈。生态金融是一种创新模式,可以有效解决城镇化生态建设中资金瓶颈的难题,切实解决用钱的燃眉之急,以期实现可持续发展的效果。当前所构筑的生态建设的金融改革方案和制度方案有很多,比如发行生态建设债券与生态基金,建立生态环保银行或金融机构等。特别是当前"互联网+"概念的兴起,生态众筹、私募等模式成为生态金融的重要形式。通过在金融产品和工具上的创新,带动机制的构建和完善,最重要的是通过这些可行的方案达到资源配置的目的。

2. 引导产业结构调整

生态金融的决策是基于经济效益、环境效益的分析,实现资源分配的最佳效果。通过金融资源对产业和企业的选择,对经济转型和产业调整发挥引导、淘汰的作用,实现经济和环境的协调发展,促进产业优化升级。发展生态金融,可以在资源配置中通过支持什么、鼓励什么、优惠什么、便利什么、限制什么来支持生态经济发展的要求。生态金融可以发挥"看得见的手"的作用,通过绿色信贷、绿色担保、生态信托、环境保险、排污权交易和生态补偿等多种金融工具,发挥金融杠杆作用,提供与生态经济发展相匹配的金融供给,积极发展生态经济。如绿色信贷限制了高污染、高耗能企业的资金来源,促进资金从高耗能、高投入、高污染行业投入发展绿色环保产业。

3. 环境风险控制

通过金融机构对环境风险的识别、预测、评估和管理,规避风险的"天性",实现企业和项目的环境风险最低化。循环经济、低碳经济和生态经济恰好是环境风险最低的经济发展形式。通过生态金融可以为金融机构创造新的绿色商机,降低金融机构的经营风险,提高金融机构的可持续竞争力。

4. 行为引导功能

通过金融机构的准入管理和信用等级划分,影响与引导企业和社会的生产和生活方式的改变。生态金融可以促进企业加大环保技术创新的力度,促使企业转变资金流向,规范企业经营行为。

5. 助力生态文明建设

一方面,将生态观念真正引入金融领域,形成有利于节约资源、降低消耗、增加效益、改善环境的金融增长模式;另一方面,有助于增强全社会的生态意识,提高全社会对生态、经济协调发展的认识水平,改变片面追求 GDP 而忽视环境、生态与资源保护的经济发展模式,促进经济增长方式转向科学发展。

第二节　生态金融市场及产品类型

随着对于生态和金融相互关系认识的逐渐加深,人们在应对实际环境问题中,引入金融工具,不断拓宽金融领域服务范围、变革服务理念、创新服务手段,实现生态与金融的良性互动。

一、国际生态金融市场

从国际方面来看,对生态金融实践的探索相对较早。1974 年,联邦德国就设立了世界上第一家环境银行。生态金融的运行机制与产品形式也较为丰富,主要有债务环境交换机制、森林证券化机制、清洁发展机制以及绿色信贷、绿色保险、绿色证券、环境基金和生物多样性基金、气候衍生产品、自然灾害证券、绿色投资基金、碳基金、排污交易及由其所衍生的期权等。

从发展阶段来看,国际生态金融产品经历了法规驱动型、项目引导型、产品设计型和复合创新组合型等几个阶段。生态金融早期的形式,如绿色信贷、绿色保险、绿色证券等,均属于金融机构或相关企业为了规避由于环保政策法规或环境污染事故等所带来的经营风险,在特定法规的驱动下,进行的生态金融探索。碳金融、生物多样性基金等,均属于为了引导资金进入某一特定环保领域而设计的生态金融创新,因而属于项目引导型。随着社会对生态金融产品需求的增加,金融机构逐步开始探索设计流动性更强、市场化程度更高的生态金融产品。与法规驱动型和项目引导型注重通过市场机制来促进和加强环境保护的初衷和落脚点稍有区别,后续的产品设计型与复合创新型更加注重将生态与环境资产资源化、证券化,也更加注重生态金融的市场与盈利属性,属于生态金融较为高端的形式。产品设计型包括绿色投资基金、排污交易、清洁发展机制等形式,而复合创新型包括气候衍生产品、排污权交易衍生产品等由多种基础生态金融产品组合而成的复合型生态金融产品。

二、国内生态金融市场

生态金融在我国的发展尚处于起步阶段,最早可以追溯到 1995 年国家环保局颁布了关于利用信贷政策促进环境保护工作的通知。之后,2006 年国家气象中心和大连商品交易所联合开发了我国首个天气衍生品——温度指数期货的合约标的指数。2007 年以来,中国银监会、保监会、证监会也相继推出了绿色信贷、绿色保险、绿色证券等生态金融产品。中国人民银行出台了《关于改进和加强节能环保领域金融服务的指导意见》,并与环保部、银监会联合发布了《关于落实环保政策法规防范信贷风险的通知》等文件,旨在加强宏观信贷政策指导,积极发展"绿色信贷",建立健全金融支持生态文明建设的体制机制。一些地方金融机构也围绕城乡生态文明建设,积极创新业务品种,拓展业务范围。目前,生态金融制度体系已经在助力生态文明建设上初见成效。绿色信贷政策框架如图 3-1 所示。

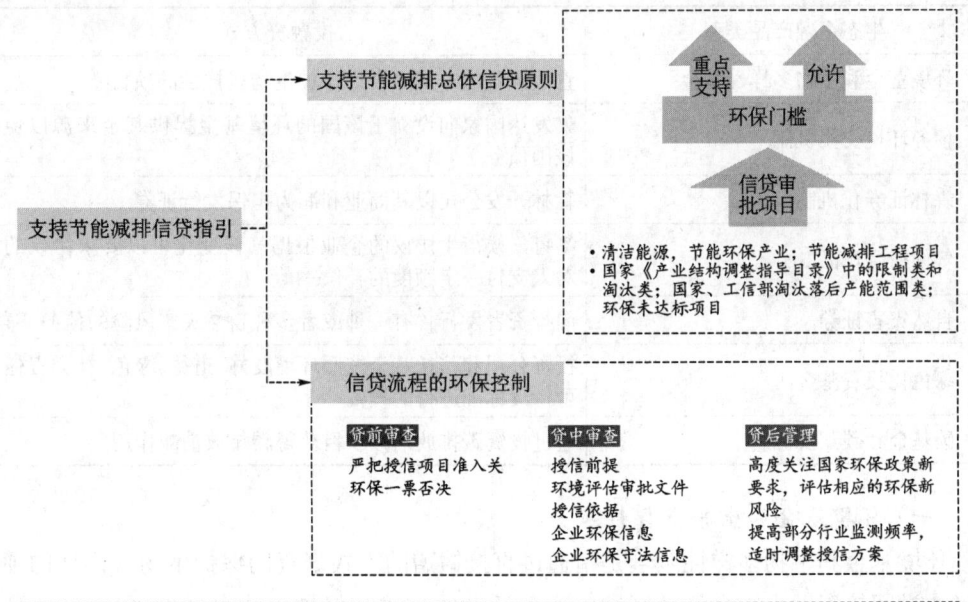

图 3-1　绿色信贷政策框架示意图

目前,我国商业银行从事生态金融相关的业务主要有三类:一是开展节能减排项目贷款等相关传统业务;二是为碳交易提供中介服务,即商业银行凭借其广泛的客户基础和交易网络,为碳交易各方提供代理服务,获取中间业务收入,有的甚至参与碳排放配额的交易,成为交易中间商;三是研发与碳排放权挂钩的理财产品、碳基金受托管理等业务。

发展生态金融是坚持我国经济可持续发展的一项重要举措,对我国经济、社会发展有着重要意义。但是,我国生态金融体系的建设还处于初级阶段,同时受制于资本市场发育不完善与政策限制等,与国际上已有实践相比,我国生态金融整体上呈现产品品种较少,产品形式单一、初级,交易不够活跃等方面的问题。

三、生态金融产品类型

生态金融市场一般包括基于市场激励的环保机制和生态金融机制,前者主要是指如排污权交易之类的市场机制,后者是指那些能够控制污染排放和实现环境保护的生态性基金,以及那些能够使企业免遭意外的气候变化、自然灾害和其他环境条件的负面变化造成不利影响的机制。控制污染排放和实现环境保护的生态性基金主要包括环境基金和生物多样性基金、债务环境交换机制、森林证券化机制、碳基金和碳互换机制、气候衍生产品、自然灾害证券等。气候衍生产品是一种新型的基于市场机制的环保制度,其能够使公司在遇到气候条件负面变化时免遭经济损失。自然灾害证券作为一种新型的金融机制,主要用来保护公司免遭地震、台风、风暴和其他自然灾害对公司造成经济损失。生态金融产品类型与投融资方式如表3-1所示。

表3-1　生态金融产品类型与投融资方式

生态金融产品类型	投融资方式
环境基金和生物多样性基金	直接馈赠的方式来资助保护生物多样性的项目
债务环境交换机制	欠发达国家向设立于该国的环境基金提供基金来源以免除该国债务
森林证券化机制	森林开发公司以其商业利润为担保发行证券
气候衍生产品	签订气候衍生协议的企业根据气候变化可以要求协议的相对人支付一定额度的补偿
自然灾害证券	向投资者发行含有一种或者多种自然灾害风险的债务证券
绿色化投资基金	投资公司和信托基金按照环境友好、道德、绿色、社会责任或可持续标准进行的投资
碳基金和碳互换机制	通过投资碳排放消减项目获得碳排放消减作用

(一)环境基金和生物多样性基金

环境基金和生物多样性基金是指通过直接馈赠的方式来资助保护生物多样性的项目或者通过间接资助生物多样性区域内商务活动的方式来保护生物多样性区域,实践证明环境基金和生物多样性基金有力地推动了有机农业、生态旅游、可持续森林和可持续渔业的发展。

(二)债务环境交换机制

债务环境交换机制是指债权国政府和欠发达国家政府达成协议,债权国政府可以免除欠发达国家政府的债务,前提是欠发达国家应该向设立于该国的环境基金提供基金来源,而环境基金往往是欠发达国家保护生物多样性的重要资金来源。目前,美国、瑞典和德国是推行债务环境交换项目最为活跃的国家,已使30多个国家受惠,其中,最有影响力的当属美国政府和波兰政府之间达成的价值约 3.7 亿美元的债务环境交换项目。

（三）森林证券化机制

在森林证券化机制下,创设企业证券的森林开发公司一般将其所有的商业利润作为担保转移给新的法律主体。新的法律主体通过在资本市场发行证券的方式从投资者那里获得资金,并将出售证券获得的收入借贷给森林开发公司,而森林开发公司以其所有的商业利润作为这项借贷的担保。发行证券的主体从森林开发公司所支付的借贷本金和利息中获利。如美国创设的湿地和濒临物种保护储备制度。

（四）气候衍生产品

气候衍生产品是一种新型的金融产品,可以应对气候状况的负面变动所导致的金融损失。根据气候衍生协议,如果气候变化超过规定的水平,签订气候衍生协议的企业可以要求协议的相对人支付一定额度的补偿。气温衍生产品一般以两种类型的"温度天"(需要升温度日数和需要降温度日数)的其中之一作为基础,需要升温度日数主要用于测量每日平均气温的相对凉度,而需要降温度日数用于测量每日平均气温的相对热度。在一个标准的气温衍生产品交易中,交易双方承诺一方会按照气温的累积变化向另一方支付一定的补偿数额。

（五）自然灾害证券

从自然灾害证券的创设目的和运行机理来看,自然灾害证券能够将自然灾害和天气变化风险转移给全球资本市场的投资者。自然灾害证券的发起人一般先设立具有破产隔离功效的特殊目的机构,然后向投资者发行含有一种或者多种自然灾害风险的债务证券。特殊目的的机构和发起人达成以下协议,特殊目的的机构承诺一旦发生约定的自然灾害,将向发起人支付一定额度的补偿,条件是发起人必须向特殊目的的机构定期支付一定的保险费用。这些保险费用和特殊目的的机构通过发行证券并用其获得的收益进行投资所获得的回报将被分配给自然灾害证券投资者。

（六）绿色化投资基金

绿色化投资基金是指投资公司和信托基金按照环境友好、道德、绿色、社会责任或可持续标准设立的投资基金,目前已有很多投资公司拒绝投资污染者。全球 20 家大银行遵守《环境友好金融赤道原则》的承诺推动了越来越多的基金管理者采用环境友好型投资策略。

（七）碳基金和碳互换机制

创设于 1999 年的原型碳基金由世界银行管理,该基金主要通过投资碳排放消减项目和签署碳排放消减信用购买协议获得碳排放消减信用。投资者用获取的碳排放消减信用履行其应承担的碳消减义务。从已有的全球碳互换实践来看,存在两种碳互换制度。一是债务碳排放消减信用互换交易制度,即债权国要求债务国将一定的资金投资于碳排放消减项目,并要求债务国将由此获得的碳排放消减信用转移给债权国,债务国借此免除对债权国的债务。二是温室气体排放互换交易制度,即某一政府机构或者私人主体承诺资助别国的碳排放消减项目,由此产生的碳排放消减信用将作为资助者的回报。

（八）其他生态金融产品

随着社会环境保护觉悟的逐渐提高，生态金融衍生产品不断推出，如新型的生态期权、生态远期交易和生态互换。这些金融衍生品使得污染源可用其将来可获得的污染许可证或排污消减信用对冲其现状的恶化，或者使其所持有的额外许可证和信用的价值保持不变。如排污权交易市场的参与者可以使用金融衍生品保持许可证和信用所构成的投资组合的价值。

第三节　我国生态金融的发展前景

一、我国生态金融发展面临的挑战

我国整个生态金融的发展很缓慢，甚至在某些领域出现了倒退的奇怪现象，与国际和我国的经济、社会和环境集成出现了高度不适应的发展矛盾。

（一）生态金融定位不清

国内生态金融的概念模糊，缺乏统一的体系和标准。如缺乏可操作性的实施细则和指导，包括绿色信贷产业指导目录、企业的环境风险评级标准、统计指标、报告系统和检测系统。同时，到目前为止，生态金融在国家层面上，环境保护水平、财务状况、角色和功能都有各种问题。生态金融在金融机构的发展有不同的层次，不同的执行情况，不同的表现症状，严重的地方甚至出现"劣币驱除良币"的现象。

（二）生态金融发展还缺乏良好的政策和市场环境

我国环境保护相关政策不完善，生态发展财政困难是目前生态金融发展遇到的主要问题。自 2007 年，国家环保总局联合银监会、中国人民银行、保监会和证监会发布了绿色金融建议开始，到目前为止，与生态金融相关文档少之又少。虽然节能减排一直是我国地方政府绩效评估指标体系的一个重要指标，但在特定的地区、特定的项目和具体企业的角度来看，环境政策的实施也不是很好。我国还缺乏完善的环境信息发布系统。金融机构存在缺乏专业环境保护知识和信息采集成本高的双重问题。中国人民银行信用报告系统中的"环境信息"是一个狭窄的范围。因为大多数金融机构不属于国家企业的监控范围，他们是否违反环境保护项目，只能通过实地调查或媒体报道才能反映出来。

（三）生态金融宏观和微观管理机制尚未建立

关于组织建设、生态金融操作的组织保障机制尚未出现，这将导致责任无法落实，管理和评估绿色金融操作将无法实现。从管理机制的设计上，没有形成一个从国家环境管理和金融宏观调控层面到金融行业，再到企业环境行为控制的一条完整的环境行为控制管理的绿色金融管理与监控机制体系。同时，金融机构内部在公司治理方面还没有建立起与生态金融配套的制度，在繁重的经营考核压力和诱人的经济效益双重影响下，金融机构内部的环境保护和社会责任意识很容易被淡化。从外部来看，政府方面尚未建立起对金融机构发展生态金融的激励机制，同时也存在我国企业和个人"绿色消费"意愿还不够强烈，对金融机构的监督不足等问题。

（四）金融机构发展生态金融的战略准备工作进展还比较缓慢

生态金融对金融机构而言，是一个全方位、全过程的行为，其改革与创新涉及金融机构运行的方方面面。金融机构内部运行体系的改革是生态金融建设的具体实施点，也是生态金融建设过程中的重中之重，主要包括绿色战略、绿色组织、绿色产品、绿色评价、绿色报告制度等。而目前生态金融相关战略准备工作只是在局部进行，还没有完全提升到我国金融机构的战略层面。部分已经进入实践探索阶段的金融机构，其生态金融发展实际上也还没有制定出专门的绿色金融战略目标和发展规划，大多依然停留于某些具体经营层面。我国金融机构也尚未在组织保障、企业文化（包括信贷文化）、人才、政策等各方面开展有效的战略准备工作，同时在开发绿色金融产品和服务、进行环境风险评估和管理、将环境因素嵌入业务决策流程等诸多方面还需要深入学习。

二、我国生态金融发展的有利条件

当今时代，各国的具体发展道路虽各有不同，但发展生态经济已成为一个共同的趋势。发展生态金融促进生态经济发展，也正日益被西方发达国家视为克服传统金融的不足，实现经济、金融与环境协调发展的新思路。

（一）发展生态经济为发展生态金融创造了条件

长期以来，我国经济的快速发展走的是一条"高投入、高消耗、高排放、难循环、低效率"的粗放型经济增长道路，现在这种不合理的经济结构、粗放式的经济增长已举步维艰。资源不足已成为制约中国经济持续发展的"硬约束"，生态环境的破坏和恶化已经成为21世纪中国经济持续发展的严重障碍。因此，加快经济增长方式转变，走经济、环境、资源相协调的、可持续的生态经济发展道路正成为我们的必然选择。可以说，发展生态经济在对发展生态金融提出了要求的同时，也为发展生态金融创造了条件。目前，我国生态经济发展的基础还比较薄弱，与发达国家相比还有很大差距，然而从另一个角度来看，这种薄弱和差距反而为生态金融在中国的蓬勃发展提供了难得的条件。一是我国生态经济发展刚刚起步，潜力巨大，生态金融发展拥有广阔的市场。二是我国国土辽阔、区域间资源禀赋各不相同，产业结构差异较大，生态金融创新拥有广阔的空间。三是我国改革开放的步伐仍在不断加快并向更高层次迈进，发达国家日益成熟的生态金融制度、工具和产品能够更快为我们学习和借鉴。

（二）改善金融生态为发展生态金融提供了动力

金融业在致力于改善外部环境以加强金融生态建设方面，走过了一段艰辛的历程，也初步取得了一些重要成果。但要从根本上解决金融生态问题还必须走发展生态金融的道路。一方面，金融生态为发展生态金融提供了动力。要赢得好的生存、发展环境和好的金融生态，就必须努力发展生态金融，支持生态经济发展。另一方面，由于近年来我国金融生态环境不断改善，也为发展生态金融提供了一个较为坚实的基础。一是法律环境不断完善，金融机构产权进一步明晰，金融债权的维护更加及时和充分，大大降低了发展生态金融的法律风险。二是信用建设取得进展，建立了覆盖全国的企业征信系统和个人征信系统,信用信息的来源不断拓宽,大大降低了发展生态金融的信用风险。三是企业制度不断健全,企业内部控制更加严格,信息披露更加透明,法律责任更加清晰,大大降低了发展生态金融的决策风险。

(三)全球节能减排为发展生态金融提供了环境

随着经济发展,温室气体排放导致的气候变暖越来越严重地对全球生态环境产生不利影响,甚至对人类的生存环境产生严重的威胁。对此,全世界都在致力于节能减排。通过各种途径磋商,在某种框架下,各参与公约的工业化国家都被分配了一定数量的减少排放温室气体的配额。为实现减排配额目标,世界各国纷纷加大节能减排力度,并积极开展排放权交易,由此生态金融作为一种利用市场手段促进节能减排的方法开始出现并逐渐发展起来。全球一些著名金融机构根据国际金融公司和世界银行的政策和指南建立了旨在判断、评估和管理项目融资中的环境与社会风险的金融行业准则和交易方式,如"赤道原则""碳交易"等新的金融理念和工具。可以说,全球节能减排约束机制的形成和深化,碳交易市场的出现和快速扩张,已经为生态金融的蓬勃发展创造了良好的外部环境和广阔的空间。

三、我国生态金融发展的具体措施

推进生态金融的发展已经成为我国当今环保工作的突破口和重要抓手,我们应当在深入思考、系统规划、充分论证的基础上,提出相对系统的推进方案,让生态金融成为新时期生态文明建设的最有力武器。

(一)加强生态金融人才培养

建立生态金融体系,必须加快专业化队伍建设,加强生态金融人才培养。目前,可以采取三个途径进行生态金融人才培养。第一个途径:商业银行等金融机构可以选择一批从业经验丰富的业务人员组成生态金融团队,通过实践中学习技术和积累经验,在短期内从企业内部培育一定数量的生态金融业务人才。第二个途径:加强国际合作与交流,国内的金融机构应组织员工积极参与政府相关部门与国际金融机构组织的国际生态金融交流活动,引进、消化、吸收和创新生态金融产品的研发理念。第三个途径:在金融学专业发展比较有优势的高校引进生态金融教材和课程,增加高校等科研机构的生态金融研发投入。

(二)大力发展生态金融机构

1974年,联邦德国成立了世界上第一个专门为环保项目和企业提供融资服务的银行,称为"生态银行"。而我国目前还没有一个生态金融机构或部门。要发展生态金融必须加快我国金融机构的改革。首先,建立绿色政策性银行——中国生态经济发展银行,专门负责贷款给传统商业银行不愿意放宽的环保工程。其次,在现有金融机构中设立生态金融部门,专门负责绿色产品的研发、涉及环境和资源的企业或项目的贷款等。

(三)建立多层次的绿色资本市场

环保产业的发展需要大量先期投入资金,且投资回收期较长,所以环保产业必须有自己独特的融资路径。环保产业融资的最优途径还是在资本市场。要发展生态金融应该建立多层次的资本市场体系。首先,利用现有的资本市场,积极推动低碳型的企业优先上市融资。其次,设立"环保板",促进环保产业从资本市场获得便利的融资。

(四)完善生态金融发展的监管机制

目前,生态金融发展面临最大的问题之一便是监管问题。首先,完善证监会、银保监会对生态金融的监督职能,加强对生态金融创新产品具体实施过程中的监督,对于损害投资者利益等违法行为给予较大程度的惩罚。其次,建立金融机构绿色信用评级制度,在金融机构信用评级考核的时候将环保表现纳入其中。最后,加强金融治理,避免用于环境保护的资金流入民间高利贷黑市,加强地方融资平台秩序的维护。

(五)引进和改进评价指标

世界各国对怎样评估环境破坏、生态破坏和资源破坏造成的经济损失以及怎样计算治理污染和保护环境的必需支出等问题都已形成一套比较科学的评估方法——"赤道原则"。我国可以借鉴"赤道原则"来加快制定生态金融评价标准和环境风险审查体系。当然,在借鉴"赤道原则"的同时,还需要结合我国具体国情,避免"赤道原则"中较为严格的信贷审批条件,否则我国某些大型项目可能因此难以获得银行的资金支持。

(六)创新生态金融产品和服务方式

在建立生态金融体系的过程中,金融机构必须创新生态金融产品和服务方式,积极发展碳基金、碳期货等金融创新。金融机构可以通过发行环保债券,支持一些环保效益好、资金规模需求大的生态环保项目。股份制环保公司也可以通过发行股票来筹资。金融机构可以建立环保产业投资基金,专门投资与环保相关的企业,用基金对未上市的环保企业进行投融资支持。金融机构可以推出绿色保险产品,在环境事故发生之后,负责对事故受害者遭受的经济损失进行赔偿。金融机构可以进行巨灾风险证券化试验,将巨灾带来的损失转移到资本市场,从而达到分散风险的目的。试验生态金融衍生产品,如碳排放消减信用、气候衍生产品等。

(七)建立生态金融的法律框架

一方面,针对生态金融发展出现的问题,制定相关的法律进行弥补,例如,明确定位现有的生态金融产品;另一方面,我国的生态金融法律体系很不完善,应适时完善法律规章制度,制定绿色政策银行法律制度、完善绿色信贷法律制度、完善绿色融资法律制度、完善企业绿色债券发行制度、完善绿色基金法律制度等。

(八)政府的优惠扶持政策

做好生态金融改革的顶层设计是推动生态金融发展的首要工作。顶层设计的权限掌握在政府手中,所以在这一阶段,政府要发挥管理和主导的作用,树立新的指导思想和价值观,促使金融机构从思想上认识其行为必须与生态文明建设的大思想进行对接,切实承担起对社会、经济和环境发展的责任。

同时,要把市场机制建设作为着眼点,建立一套以市场机制为核心的管理机制系统,要充分重视利益机制、社会机制、竞争机制、激励机制的调控作用。首先,构建正向的激励机制,支持构建积极的财政税收政策,向在环保方面表现好的企业或是环保企业提供专项低息贷款。其次,应加大政策扶持力度。例如开展低碳金融业务,制定推动低碳开发,建立"国家碳补偿制度",在风险资产占有方面给予一些倾斜政策。最后,建议政府出台针对低碳企业的上市募资、发行公司债券及中期票据等专项鼓励政策。

巩固训练与提高

一、概念题

1. 生态金融　2. 生态金融政策　3. 生态期权　4. 生态金融市场及产品

二、判断题

1. 相对传统金融活动,生态金融更加强调环境利益,更关注环保产业和生态,更加注意将资金引导到环保产业、生态产业。　　　　　　　　　　　　　　　(　　)

2. 从具体操作层面来看,生态金融与传统的金融业务运营模式不同。　　(　　)

3. 传统的环保工作没有依靠市场调节的经济激励手段治理环境污染。　(　　)

4. 通过生态金融可以为金融机构创造新的绿色商机,降低金融机构的经营风险,提高金融机构的可持续竞争力。　　　　　　　　　　　　　　　　　　(　　)

5. 我国生态金融体系的建设已经趋于完善,我国生态金融整体上呈现产品品种增多的态势。　　　　　　　　　　　　　　　　　　　　　　　　　　　(　　)

6. 生态金融是关系我国推进经济社会发展,落实环境优先、生态优先,实现现代化管理和经济社会全面发展的一项重要工作,是实现生态经济的制度基石,必须从全局和战略高度,充分认识坚持推进生态金融的战略重要性与现实紧迫性。　　　　　(　　)

7. 我国环保投资体制中,政府是最大的投资主体。　　　　　　　　(　　)

8. 在生态金融的发展背景下,由于前期风险大,可以由政府主导,后期风险较小,国家资本可以退出并鼓励吸引社会民间资本进入,实现投资主体多元化。　　(　　)

9. 从具体企业的角度来看,我国环境政策的实施情况较好,同时我国已经有完善的环境信息发布系统。　　　　　　　　　　　　　　　　　　　　　　(　　)

10. 生态金融可以发挥"看得见的手"的作用,通过绿色信贷、绿色担保、生态信托、环境保险、排污权交易、生态补偿等多种金融工具,发挥金融杠杆作用,提供与生态经济发展相匹配的金融供给,积极发展生态经济。　　　　　　　　　　　　　(　　)

11. 金融生态和生态金融是一样的。　　　　　　　　　　　　　(　　)

12. 在实际工作领域中,生态金融是金融产品与市场在生态环境保护领域的应用,是一种强制或者自愿的方式,创新传统金融手段,实现保护生态环境目标。　　(　　)

三、单选题

1. 以下各项中,不属于狭义的生态金融的是(　　　)。

A. 利用创新金融模式处理和防治污染,并实现资源的可持续利用和生态环境的平衡发展

B. 把与生态环境相关的潜在风险和回报都融合到日常的业务经营中

C. 开发创新金融产品规避及有效管理各类环境风险

D. 实施有效的金融监管,减少信息不对称现象,解决环境领域中存在的道德风险和逆向选择问题,为环境行为提供正向激励

2. 生态期权的特征是(　　)。

A. 静态性、长期性、人本性、创新性等特征

B. 动态性、短期性、人本性、创新性等特征

C. 动态性、长期性、人本性、创新性等特征

D. 动态性、长期性、人本性、传统性等特征

3. 以下各项中,属于高端的生态金融形式的是(　　)。

A. 绿色信贷、绿色保险

B. 绿色投资基金、排污交易

C. 气候衍生产品、排污权交易衍生产品

D. 排污交易、CDM机制

4. 以下各项中,不属于我国商业银行从事生态金融相关的业务是(　　)。

A. 开展节能减排项目贷款等相关传统业务

B. 为碳交易提供中介服务

C. 研发与碳排放权挂钩的理财产品、碳基金受托管理等业务

D. 气候衍生产品

5. 以下描述中错误的是(　　)。

A. 以生态金融为核心的环保市场化机制的引入和发展,将使我国的环保事业与国际先进水平接轨

B. 发达国家的环境治理,其核心就是创新生态金融产品

C. 我国经济要走向世界,就要把环境保护的基本准则带到世界,坚持可持续发展和公平公正的思想理念,在发展中建立中国与世界各国的国际新秩序

D. 优化金融生态可以促使我国金融业引领国际金融发展

6. 以下各项中,对金融机构的描述正确的是(　　)。

A. 金融机构内部在公司治理方面已经建立与生态金融配套的制度,但从外部来看,政府方面尚未建立对金融机构发展生态金融的激励机制

B. 金融机构内部在公司治理方面还没有建立与生态金融配套的制度,从外部来看,政府方面尚未建立对金融机构发展生态金融的激励机制

C. 金融机构内部在公司治理方面已经建立与生态金融配套的制度,从外部来看,政府方面也已经建立对金融机构发展生态金融的激励机制

D. 金融机构内部在公司治理方面还没有建立与生态金融配套的制度,但从外部来看,政府方面已经建立对金融机构发展生态金融的激励机制

7. 以下各项中,关于生态金融产品类型的描述错误的是(　　)。

A. 生态金融市场一般包括基于市场激励的环保机制和生态金融机制

B. 控制污染排放和实现环境保护的生态性基金主要包括环境和生物多样性基金、债务环境交换机制、森林证券、碳基金和碳互换机制

C. 其他生态金融机制主要包括气候变化衍生产品和与自然条件相关的证券

D. 气候变化衍生产品是一种新型的生态金融制度

8. 以下关于推进我国生态金融发展重大意义的描述中,错误的是(　　)。

A. 发展生态金融是大力推进生态文明建设的重要举措

B. 发展生态金融是环境保护手段升级创新的内在要求

C. 发展生态金融是推进我国经济社会可持续发展的未来需要

D. 发展生态金融是解决环保资金难题、提高资源使用效率的有效途径

9. 在对生态金融和金融生态描述中,错误的是(　　)。

A. 生态金融和金融生态在本质上是一样的

B. 金融生态是指金融机构在良好的管理制度、内部控制、微观制度环境和宏观制度环境的保障下持续健康运行,从而实现金融资源的合理配置、金融体系的良性循环以及金融与社会的可持续发展

C. 生态金融的本质就是环境权的价值的跨时空交易,也就是生态期权

D. 生态金融和金融生态本质上是不同的

10. 下列关于生态金融和传统金融的描述中,错误的是(　　)。

A. 生态金融需要在参与主体、运作环境、人才培养、资源成果等方面进行创新

B. 生态金融是传统金融的一种创新模式,有别于传统金融以盈利为核心,生态金融更重视环境以及金融与社会的可持续发展

C. 与传统的金融业务运营模式一样,生态金融业务也主要依托于银行、证券、基金等业务部门,并以这些部门为载体开展交易活动,如绿色贷款、绿色债券等

D. 生态金融是传统金融的一种延续模式,也是以盈利为核心

四、简答题

1. 什么是生态金融?

2. 生态金融的功能有哪些?

3. 生态金融与传统金融的区别是什么?

4. 请分别简述广义的生态金融和狭义的生态金融。

5. 生态金融有哪些特征?

6. 传统生态环境保护中使用的经济手段有哪些?它和现代生态金融的区别是什么?

7. 生态金融的功能是什么?

8. 简述我国生态金融发展历程。

9. 请介绍生态金融的产品类型。

10. 为什么说推进我国生态金融发展有重大意义?

11. 请简述坚持推进生态金融的战略重要性与现实紧迫性。

12. 我国目前生态金融发展情况怎样?请简要描述一下。

13. 请简要介绍完善我国生态金融发展的具体措施。

14. 如何创新我国生态金融产品和服务方式?你有什么好的建议?

第四章 金融危机

◆ 学习 目标

（1）理解金融伦理缺失对金融危机的生成的重要影响。

（2）了解金融危机中各金融机构伦理失范的表现以及金融危机传播。

◆ 能力 目标

（1）加强金融伦理与金融市场有效性关系的理解。

（2）能够掌握金融创新过程中，金融衍生品的伦理问题、政府监管与干预的金融伦理的考虑。

（2）把握中国金融脆弱性的深层原因。

◆ 案例 导入

案例 4-1 1929 年美国金融大危机

1929 年 10 月 28 日，这个不祥的日子在美国以及世界金融史上一直被人们牢记。在这一天，纽约证券市场的股票价格猛跌，正式揭开了美国金融危机和世界经济危机的序幕。这次危机来势迅猛，爆发后迅速从证券市场蔓延到整个金融体系，从金融危机发展成经济危机，从美国发展到整个资本主义体系，危机给美国经济和世界经济带来极其沉重的打击，以致整个 20 世纪 30 年代美国经济都没有完全恢复过来。1929 年的危机，就其深度和广度，在当时是空前的，时至今日也是绝后的。

1929 年 9 月 5 日，一位叫鲁杰·巴布森的统计学家在美国全国企业家大会上预言："一场大恐慌就要到来，而且可能非常可怕。"或许是预言起的作用，几个小时内，纽约股票交易所的股价下跌了 10%。为安定人心，胡佛总统公开发表讲话，宣称美国经济从总体上看是健康的，从而引起股市行情再次上升，而且其上升幅度比任何时候都大。然而 9~10 月，股价时起时落，局势异常。

1929 年 10 月 28 日，纽约股票交易所的全部股票平均下降 50%。这一跌就一发不可收拾，像洪水决堤一样，迅速摧毁着一切能够摧毁的事物。

高峰在 10 月 29 日到来。当天早晨 10 点钟，证券交易所大厅的大锣刚刚响过不久，剧烈的抛售就突然发生。大量股票涌到市场，被不计价格地抛售，出卖的不仅有小企业的股票，也有大企业的股票，股票坐市商被争先抛售股票的经纪人团团围住，全然没有人考虑买进，交易所的情况十分混乱。开盘后半小时内，交易量就在 300 万股以上，12 点时超过 800 万股，下午 1 点 30 分，超过 1 200 万股，当这天收市的大锣敲响后，股市创造了 1 641 万股成交的历史最高纪录。根据《纽约时报》的统计，50 种主要股票的平均价格几乎下降了 40%。

股票市场的大崩溃一直持续到 1933 年年初。根据道琼斯指数的统计，从 1929 年 10 月至 1933 年 1 月，30 种工业股票的平均价格从每股 365 美元下降到 63 美元；20 种公用事业股票的平均价格从 142 美元下降到 28 美元；20 种铁路股票的平均价格从 180 美元下降到 28 美元。到 1933 年 7 月，美国股票市场上的股票价值只相当于 1929 年 9 月的 1/6。

1929 年，美国证券市场的崩溃拉开了美国金融危机的帷幕，危机迅速蔓延，导致全球股市暴跌，从而引起借贷市场的混乱。1931 年 5 月，奥地利信贷银行破产成为触发各国银行信用危机的导火线，而信用危机加剧了世界经济危机的程度，首当其冲的是德国。当时德国本身存在严重的国际收支危机，每年要支付大量战争赔款的利息，不得不向英美等国筹借短期银行信贷，奥地利信贷银行宣布破产后，美英等西方国家担心资金安全，纷纷从德国提取短期资金。由于外资大量抽走，从 5 月到 7 月，德国黄金储备减少 42%，德国政府于 1931 年 7 月宣布停业两天，德国四大银行中有两家随即破产，同年 9 月宣布停止支付外债，禁止黄金自由输出。德国中止对外支付后，英国在德国的资金不能够调回，加之大量资金从英国抽走，同年 9 月底，英国宣布停止黄金支付，停止纸币兑换，放弃金本位，英镑贬值 31%。与此同时，许多国家的银行也陆续破产倒闭。1931—1932 年，美国倒闭的银行达 5 096 家。1933 年春，美国又爆发了信用危机的新浪潮，存款大量提取，银行资金周转不灵，发生挤兑风潮，又有 4 000 家银行倒闭，引起资金外逃，联邦储备银行黄金储备锐减，于是美国不得不放弃金本位，美元随即贬值。其他国家的货币也纷纷贬值，截至 1936 年年底，欧、美、亚、非、拉五大洲就有 44 个国家货币先后贬值，几乎没有一个国家得以幸免。截至 1933 年年底，全世界有 25 个国家停止偿付国债，这也是世界经济史上绝无仅有的现象。

这场金融危机迅速波及其他经济领域，发展成一次空前的经济危机，危机给了美国经济极其沉重的打击。1929 年，美国的工业生产下降了 46%。如果按月份资料计算，从危机前的最高点（1929 年 5 月）到危机的最低点（1932 年 7 月），美国的工业生产下降了 56%，退回到 1905 年的水平。危机遍及工业各部门，工业生产连续下降 3 年之久。危机期间美国 13 万家企业倒闭，上千万工人被赶出工厂，失业人数在 1933 年达到 1 283 万人，占美国劳动力总数的 1/4。与此同时，工人的实际工资下降约 1/4。对外贸易和资本输出也受到严重打击。危机期间进出口总值减少 70%。资本输出一落千丈，1928 年，美国发行的外国有价证券是 13 亿美元，1931 年下降到 2.5 亿美元，1933 年仅 160 万美元，资本输出几乎停止。

这场经济危机迅速地、无一例外地席卷了资本主义世界的所有国家，成为一次规模空前的世界性经济危机。危机使整个资本主义世界工业生产下降了 40%，退回到比 1913 年还低 10% 的水平。

资料来源：引自吴慧琴主编的《国际经济与金融案例评析》。

案例4-2　20世纪90年代墨西哥金融危机

20世纪80年代末至90年代初,墨西哥当局放宽了对外资进入的限制,全面开放金融证券市场,使外资大量涌进墨西哥,至1994年涌进外资达730亿美元,但其中70%～80%属于有价证券投资。由于金融投资的特点是追逐高额利润,缺乏稳定性,具有很强的投机性,一有风吹草动,就会瞬间抽走,转移他国。1994年,西方经济开始复苏,利率随之上扬,加上墨西哥政局不稳定,一些外国投资者便开始大量抽走资金,结果造成外国资金大量外流,在这种情况下,墨西哥政府不得不动用国际储备干预外汇市场。当1994年12月1日,墨西哥新总统塞迪略就职时,外汇储备所剩无几,已无法维持本国经济的正常运转。因此,墨西哥当局决定通过比索一次性适度贬值来促进出口,减少进口,阻止资金外流,稳定外汇市场,并于1994年12月19日深夜突然宣布比索贬值15%。在国内外金融界事先对此一无所知的情况下,这一消息引起了社会极大的恐慌,人们纷纷抢购美元,比索汇率急剧下降。中央银行一天之内抛售几十亿美元,仍无法抑制比索汇价跌势,导致金融市场出现混乱。次日,政府又宣布中央银行不再干预外汇市场,比索与美元实行汇率自由浮动,结果不可收拾。

从1994年12月2日,外汇市场收盘时1美元兑换3.987比索,跌到12月27日的1美元兑换5.75比索。1994年12月20日,墨西哥股票交易所的收盘价下跌6.26%;1995年3月9日,美元兑换比索已跌破1∶8.9。至1995年1月10日,股票市场价格按美元计算下跌50%。外国资本纷纷外逃,墨西哥国际储备大量流失,由1994年11月的170亿美元陡然下降到1995年1月6日的55.46亿美元,一个多月时间减少了100多亿美元。因比索贬值与物价上涨互相影响,市场商品价格大幅度上涨,银行利率不断上扬,大批企业出现资金困难。1995年1月上旬,全国加工工业协会的8万家企业中有2万余家因资金困难陷入瘫痪。一些靠进口零件进行生产的工厂,由于比索贬值引起成本上升而被迫停产,造成职工大批失业。通货膨胀与失业扩大共同把大批低收入居民推向极端贫困之中,金融危机演变成了全面的经济危机。

墨西哥这次金融危机造成的后果不亚于20世纪80年代债务危机所带来的灾难。第一,墨西哥国家外汇储备由1993年年底的234亿美元猛降到1995年1月初的55.46亿美元,对外支付能力严重下降。第二,国库告急。墨西哥政府发行的280亿美元的短期债券中的40%为外国投资者持有,货币危机发生后,外国投资者大量抛售这种短期债券,使墨西哥财政陷入困境。第三,外债负担加重。1995年年底,墨西哥外债余额高达1 009亿美元,比1994年增加18.1%,外债余额占国民生产总值的比重从1994年的32.7%上升到1995年的40.7%。第四,资本外逃。动荡不安的金融局势,令国内外经济界人士对墨西哥经济形势失望,外商纷纷停止对墨西哥的投资或抽逃已投入的资金。至1995年5月,墨西哥在有固定收益的有价证券市场上的外资从危机前的211亿美元下降到122.2亿美元,股市上的外资从344亿美元下降到219.5亿美元。全年私人投资减少29.5%,公共投资减少8.7%。第五,经济增长速度下降。为了实行紧急经济计划,墨西哥政府紧缩信贷,提高利率。危机初期,银行利率平均每天上扬15%～20%,企业承受着资金不足和成本提高的双重压力,生产全面下降,全年国内生产总值下降7%。1996年6月,墨西哥财政部一份报告宣布,这场危机使国家付出了420亿美元的代价。第六,加剧社会矛盾。由于墨西哥在商品供应方面严重依赖进口,比索的贬值使全年通货膨胀率高达50%,比1994年上升了44%。工薪阶层的收入多数下降60%,失业率创造了记录,35%的人生活陷入极端贫困,从而进一步加剧了经济、社会的不稳定性。第七,经济上的主权和独立受到削弱。美国历来把墨西哥视作自己的后院,墨西哥是其刻意树立的发展中国家实行贸易自由化的样板,美、墨之间有着特殊的政治经济利益。为了帮助墨西哥渡过难关,美国政府和国际货币基金组织等国际金融机构向其提供了500多亿美元贷款,支持墨西哥的稳定计划。但这些贷款是有条件的,有的条件还相当苛刻。如墨西哥以石油出口收入作为担保,以及紧缩银根等衰退性调整方案。

墨西哥金融危机对世界经济也产生冲击作用。由于阿根廷、巴西、智利等其他拉美国家经济结构与墨西哥相似,都不同程度地存在着债务沉重、贸易逆差、币值高估等经济问题,最先受到墨西哥金融危机影响的也是这些国家。由于外国投资者害怕墨西哥金融危机扩展到全拉美国家,纷纷抛售这些国家的股票,引发拉美股市猛跌。在墨西哥货币危机发生的当天,拉美国家的股票指数同墨西哥股票指数一起下滑。其中,巴西股票指数下降11.8%,阿根廷下降5.0%,智利下降3.4%。1995年1月10日的股价指数与1月初相比,巴西圣保罗和里约热内卢的证券交易所分别下跌9.8%和9.1%,阿根廷布宜诺斯艾利斯证券交易所下跌15%,秘鲁利马证券交易所下跌8.42%,智利证券交易所下跌3.8%。同时,拉美国家发行的各种债券价格也出现暴跌。在股市暴跌中,投资者从阿根廷抽走资金16亿美元,从巴西抽走资金12.26亿美元,相当于外资在巴西投资总额的10%,整个拉美证券市场损失89亿美元。

受墨西哥金融危机的影响,1995年1月欧洲股市指数下跌1%,远东指数下跌6.5%,世界股市指数下降1.7%。作为墨西哥邻国的美国受到巨大冲击,美国在墨西哥的200亿美元股票就损失了70亿美元,加上比索贬值,损失近100亿美元。

资料来源:引自左柏云著的《国际证券投资概论》。

第一节 金融全球化与金融危机的国际传播

一、何谓金融危机

一位西方经济学者曾经幽默地指出,如同西方文化中的美女一样,金融危机难以定义,但是相遇极易识别。通常的说法是,全部或大部分金融指标——利率、汇率、资产价格、企业偿债能力和金融机构倒闭数——剧增,短暂的或者是超周期的恶化,便意味着金融危机的爆发。

"金融"一词涵盖广泛,金融危机也就有不同类型的定义,如货币危机、银行危机、股市危机、债务危机、系统性金融危机等类型。其中,系统性金融危机即为全面的金融危机,是指主要的金融领域都出现严重混乱,如货币危机、银行业危机、股市崩溃及债务危机同时发生或相继发生。例如,发生银行业危机的标志需要具备:银行体系不良资产比率超过了10%;银行业危机的财政成本至少占 GDP 的 2%;银行部门发生的问题导致大规模的国有化;较大比例的银行采取延长银行假期、存款冻结的紧急措施,或者存款政府担保普遍化。

二、普遍发生的金融危机

资本主义发展早期的金融危机,影响特别大的有 16 世纪欧洲银行家对国王贷款狂潮的破灭(1557 年)、17 世纪荷兰的郁金香狂潮(1636 年)、18 世纪英国的南海泡沫和法国的密西西比泡沫(1720 年)。最典型的资本主义经济危机始于 1825 年,周期性的经济危机大约 10 年一次,而形形色色的金融危机都发生在这 10 年之间。20 世纪 30 年代的经济大萧条,曾将金融危机推向了极端,1930 年,美国银行倒闭突破四位数,达 1 350 家,占银行总数的 5.29%;1931 年倒闭 2 293 家,占银行总数的 9.87%;1933 年到达高峰,当年有 4 000 家银行倒闭,占银行总数的 20%。

随着金融全球化的步伐加快,金融脆弱演化为金融危机的速度大大加快,金融危机变得日益经常化和全球化。1982 年,国际债务危机在拉美开始爆发,这场债务危机持续至今尚未彻底解决。以美国为首的超级大国也在 20 世纪 80 年代中期经历了一场持续 10 年之久的储蓄贷款危机;20 世纪 80 年代,日本发生经济泡沫崩溃,至今没有走出衰退的阴影;还有 1987 年 10 月 19 日的"黑色星期一"全球大股灾。进入 20 世纪 90 年代,金融危机的爆发更是一浪高过一浪,先是金融衍生品上投机失败的"巴林事件"和"大和事件",继而发生北欧银行危机,然后 10 多个欧洲发达国家在一批投机者的攻击下发生了欧洲货币体系危机;时隔不久,作为新兴市场经济国家典范的墨西哥发生"新兴市场时代的第一次大危机";1997 年 7 月,亚洲金融危机爆发;而 2008 年相继出现的金融危机,更引起了世人的关注。我们看到进入新时期,金融危机通常表现为多元化、区域化、全球化的形式,具有明显的综合性,危机开始时通常是外汇的超常波动,由此而引起的货币危机,进而发展到货币市场和证券市场的动荡,并最终影响到实体经济的正常运行。在多数情况下,金融危机导致不同程度的外债偿付危机,如欧盟希腊危机,危机国家在货币大幅贬值并最终放弃原有的固定汇率制度的同时,均出现了银行坏账严重,存款抽逃等银行危机的迹象。

第二节　金融市场的稳健

一、金融全球化

金融全球化是当今时代金融发展的总趋势,简要地说,所谓金融全球化是指全球金融活动和风险发生机制联系日益密切的过程。金融全球化的具体表现有:①金融活动"游戏规则"的全球一体化。无论是国内金融活动,还是跨国金融活动,具有相同的"游戏规则"。②市场参与者的全球一体化。即资金需求者可以广泛地面向全球来筹集资金,资金的供应者也可以在全球范围内选择其投资、贷款的对象。③金融工具的全球一体化。金融交易的工具,从原产品到他们的衍生品,其民族性和国家色彩均已淡化,新的金融工具创造出来,很快就会成为各国交易的对象。④金融市场的全球一体化。这不仅意味着投资者和筹资者可以自由地在世界各国金融市场上从事金融活动,而且意味着建立在以互联网为基础的全球化下,不间断交易体系已经形成,为金融交易最终摆脱各民族、国家疆界的藩篱和实体市场的约束提供了平台。⑤交易货种多样化。随着越来越多的国家放松金融管制,越来越多的货币进入全球金融交易中。⑥利率的趋同化。随着各国相继开放管制,各国利率水平已经趋于同步变动;全球利率在考虑了各种风险因素之后已经基本稳定。⑦金融风险全球化。

二、金融危机的发生

由于金融活动和风险发生机制的联系日益紧密,在全球化时代,国与国之间金融脆弱以致金融危机的联系也越加紧密,这表现为金融危机具有极强的传播效应。如在 1992 年欧洲货币体系危机期间,英镑和里拉被迫贬值,并退出欧洲汇率机制,随后,仍然留在欧洲汇率机制内的爱尔兰镑和法国法郎遭到冲击,汇率发生了剧烈的波动;在 1994 年墨西哥金融危机期间,墨西哥比索的贬值引起了阿根廷、巴西等周边国家汇率的大幅波动;亚洲金融危机期间,货币贬值起于泰国,之后迅速蔓延到印度尼西亚、菲律宾、马来西亚,并波及新加坡、中国台湾和中国香港,还扩展到东北亚的韩国和日本。在货币危机横扫了除中国大陆外的东南亚和全部东亚地区之后,俄罗斯和巴西也经历了金融危机的冲击。很多研究表明,在经济稳定时期,国家之间的汇率、股票价格和主权债利率,每日变动互不相关;而在危机时期,各国汇率的变动、主权债利率的波动都具有相关性,大部分的股票变动都具有相关性。

因此,一个国家的金融危机扩散到另外一个国家的渠道主要集中在两个方面:贸易联系和金融业联系。首先,一个国家爆发金融危机所伴随着的货币大幅度贬值和国内需求急剧下降,都会导致与之有直接贸易联系的国家出口总额下降,国际收支恶化,成为危机扩散的牺牲品。与此同时,存在的还有另外的一种情况,国家之间在贸易规模上不大,却往往在很大程度上依赖一个共同的出口市场。比如发展中国家,相互之间贸易往来,大多不占主要地位,而主要的出口市场却彼此相同,如美国、日本和西欧。这种情况下,危机扩散的主要途径通常不是直接贸易联系,而是间接贸易联系。危机间接扩散的可能途径:一是危机国家因货币大幅贬值而增加出口竞争力,抢占出口市场,使对手国的出口总额下降,国际收支恶化;二是危机国家的对外汇率失守,市场就会预期与之有间接贸易联系的国家也很有可能会让本币贬值,因而导致大量抛售该国货币,从而加速货币危机的扩散。

金融业之间的联系同样有直接和间接的联系。直接的联系是指某个或某些危机国家有直接的投资和借贷联系,在这种情况下,显而易见,会导致危机的直接扩散。而某个国家或某些国家与危机国家都是跨国银行和国际机构投资者开展大量业务的地区时,则形成间接联系。从 2008 年金融危机可以看出,跨国银行和国际投资者在一国遭到损失后,为了达到资本充足率和保证金要求或出于调整资产负债的需求,往往大幅收缩对其他国家的贷款或投资。东南亚金融危机爆发后,在泰国,日本银行遭受巨大损失,随后在东南亚地区收缩银根,关闭分支机构,成为促成这些国家相继陷入危机的重要因素。那时,日本银行从东南亚的撤资,也影响到我国香港,并间接给我国的海外融资造成了一定的困难。

总之,在金融市场的稳健过程中,即使不存在贸易、金融联系,危机也有可能扩散。这是因为市场预期发生变化或者信息不对称等因素,会由于种种导火线而导致资本市场上的热币大量从某个或某些国家流出。如 1997 年东南亚许多国家的货币相继贬值之后,越来越多的公众认为中国香港的汇率制也将难以维持,从而为投机者攻击港元创造了机会。

第三节　中国金融市场的脆弱性与金融危机

金融脆弱,仅仅表明金融已经具有不确定性,还不等于金融危机。由金融脆弱到金融危机有演化过程。金融危机的爆发点以金融脆弱积累到一定程度为条件,但最终在何时发生,还需要某些触发点,某些突发的金融事件,如特大企业的倒闭、欺诈丑闻的揭露等造成的信息动摇。以古老的金融危机——支付危机为例:金融机构资产负债表恶化,引起挤兑;为了满足支付,金融机构急于获得现金,不得不出售资产;金融机构急于出售资产,导致资产价格暴跌;资产价格暴跌,进一步恶化私人部门的资产负债表……这就是危机的自我实现过程。金融危机必然引起信贷紧缩,并损害实体经济,导致经济滑坡。经济滑坡、破产增加、信贷紧缩,互为因果、恶性循环。在封闭的实体经济中,中央银行可以通过"最后贷款人"的功能来消除"自我实现"的恐慌,但是货币供应量的大幅增加又会引发和加重通货膨胀。这一自我实现的过程,正是以金融脆弱作为客观存在的前提。

一、中国金融脆弱的表现

商业银行体系是我国金融体系的主体,商业银行所积累的不良资产是我国金融脆弱的主要标志。由于信息披露的不充分,外界对于中国银行业的不良资产余额一直多有猜测。根据官方公布,2001 年,国有银行本外币不良贷款额为 17 649 亿元,不良资产比率达

25.36%。当然,其中损失类不良贷款只占一小部分,大部分不良贷款则还有一定的回收率。2000年年底,国有银行的实收资本为4 793亿元,加入全部不良贷款损失额达到不良贷款总额的$\frac{1}{4}$,那就会把实收资本全部冲光。股份制商业银行的问题小一些,但其潜在不良资产损失也不容轻视。

城市信用社、信托投资公司、财务公司、租赁公司以及各类农村基金会等非银行金融机构,在1990年经济膨胀时期,都有大量的违规违法经营,且管理混乱,积累了大量坏账。在经济"软着陆"之后,金融风险暴露,支付问题不断发生。1998年以来,全国发生多起信用社挤提甚至倒闭事件,受其牵连,个别由信用社合并而成的城市商业银行也出现了程度不同的支付困难和存款挤提。例如,1998年1月,海南发展银行因此导致关闭。1997年后,有几家全国性的大信托投资公司因支付困难,先后以不同的方式结束了经营活动,其中包括引起国内外广泛议论的广东国际信托投资公司破产案。

在政策性金融机构中,中国农业发展银行,由于承担筹集农业政策性信贷资金,承担国家规定的农业政策金融业务,不良贷款率也严重超标。

保险业的问题具有隐蔽性,尤其是寿险,现阶段主要是收入期,大规模的支出期尚未到来。现在保险业的问题在于:一是无序竞争,支付高额代理费;二是利率不断调低,保单利差倒挂。

资本市场方面,上市公司普遍业绩不良。市场发育还处于较低的水平;市场秩序有待大力规范。资本市场的运作主体——证券公司不仅相当普遍地参与不正当操作,自身的基础也极为薄弱。据统计,有98家证券公司到2016年的不良资产率平均超过50%,不良资产额达460亿元,而这98家证券公司的资本只有917亿元。

对外金融交易方面,尽管实行外汇管制,仍存在相当规模的资本外逃。据原外经贸部的测算,1993—2000年,资本外逃累计超出100亿元。

我们判断,官方统计的外债指标均在安全线以内,但隐形外债大量存在,广东国际信托投资公司宣布破产后,申报债权金额为467亿元,80%以上为境外债券。中国外债的币种结构集中于美元和日元,也使我国承担着较大的汇率风险。

二、"脆弱"导致"危机"之谜

2008年金融危机爆发之前,国内外对中国金融的稳定表示极为担忧,依据前述的金融危机的扩散理论,中国似乎难逃亚洲金融危机风暴的劫难。

中国和东南亚危机国家的出口都高度依赖美、日等国的市场。1998年与1997年相比,中国对日本的出口增长率从6.7%降至3.1%,对美国的出口率从22.5%降至16.2%。中国与东南亚危机国家还有着"共同贷款人"——都欠着日本银行、英国银行大量的外债。然而后来的中国却经受住冲击,为亚洲唯一的一个安然度过1997—1998年的全球金融大动荡的新兴市场国家。对此,国内外有着各种各样的解释。

第一,中国在亚洲金融危机中幸免于难的直接"防火墙"是实体资本项目没有开放,这就不存在因国际短期资本急速抽逃而引爆危机的机制,这在危机时刻是有其关键意义的,但并不是唯一的原因,也不是决定性的。

第二,中国特有的金融结构。中国银行信贷的间接融资占社会融资总量的80%,其中,四大银行又占间接融资总额的70%,较小的金融市场和国家直接支持的银行信贷,是外部冲击较难动摇的。

第三,国家综合债务水平尚在可承受的范围之内。中国综合债务的特点是:银行不良资产多,但政府债务、居民债务和外债不高。若以政府债务、银行坏账以及外债表示国家综合债务额,那么中国国家综合债务率(国家综合债务额/GDP)低于50%,这样的比例低于西方发达国家。中国政府的实际负债水平还有相当的余地,政府负债较低,在金融震荡之际就可以用增加债务的办法来清理债务,稳定经济。这也就是为什么中国银行业务的坏账虽有可能高于东南亚国家,却没有发生金融危机的一个根据。世界银行业认可这样的说法:"按狭窄口径统计的政府债务水平不高,足以对深受不良债务拖累的银行体系提供财政支持。"

第四,最根本的、长期起作用的应是中国经济市场的活力。它保持了国民经济持续稳定的增长和在国际经济舞台上的竞争潜力,也正是具备这样的根基,才使得自身的金融脆弱性虽在不断累积的情况下,却能够经受住亚洲金融危机的剧烈冲击。在区域金融危机后的几年内,中国GDP增长速度虽然较前几年有明显下降,但是仍然保持在较高水平,实体经济的良好状态从根本上保证了金融稳定的态势,然而,这并不意味着对中国金融脆弱问题无须严肃对待,也不能因为金融危机没有发生而否认在局部范围内发生金融行业危机的可能性。

三、脆弱性和市场化

改革之前,中国金融业几乎不存在脆弱性。不仅中国人没有想到这样的问题,国际上也无人关注。随着新时期国内市场化改革的推进和深入,金融的脆弱性才逐步显现并日益积累。

(1) 金融业的市场化改革是建立市场经济体制总体改革任务的构成部分。经济整体的市场化是基于以高效率的资源配置来替代原有体制低效率的资源配置,金融改革和建设的核心目标也在于提高资源配置的效率。金融本身的功能特点要求其形成一个能够高效率实现从储蓄向投资转化的机制。然而,要求有这样高效率的金融机制,则必然会产生金融脆弱性。中国的实践说明,金融脆弱性的社会代价远不会吞噬效率提高所带来的好处,因而,坚持金融市场化,就不应因其必然伴随金融脆弱性而有所动摇。

(2) 在改革过程中,虽然金融脆弱性不可避免,但对于脆弱性生成和积累的过程却不是无能为力的。认识金融脆弱性的内生性,并寻求得当的缓解、缓冲、疏导、控制的措施和途径,就会使这一过程较为平缓、渐进,提高可控程度。但是,一方面,市场机制改革不可逆转的推进进程;另一方面传统机制的退出并非一蹴而就,且受因循守旧力量的牵制。市场机制中的问题要在进一步市场化的进程中解决,而中国的新旧冲突,却使问题的解决相当困难。例如,改革以来,利率和汇率的调整,使银行风险加大。但商业银行不能自主地通过金融产品创新来对冲利率、汇率风险,这就使加大的风险无法分散、化解。这种情况下,固有利益者往往会归罪于市场化,并企求以延缓改革来换取暂时安宁的对策。

巩固训练与提高

1. 金融风险、金融危机、金融脆弱性之间有什么关系?

2. 以 2007—2009 年世界金融危机为例,分析金融危机的成因、危害及防范措施。为什么中国在危机中受到的冲击较小? 中国应该从引发危机的诱因中吸取哪些经验?

3. 如何理解金融衍生品创新中的伦理问题?

4. 以 2018 年中美贸易战为例,如何理解美国金融危机中的伦理根源?

第五章 金融监管

↓
→

学习目标

（1）了解金融市场监管的含义、伦理基础和历史争议。

（2）了解金融市场监管的伦理原则。

（3）掌握金融市场监管的发展趋势。

能力目标

（1）探讨金融市场监管的伦理问题，掌握经济自由主义和国家干预主义的伦理价值嬗变。

（2）探讨金融监管应该遵循的伦理原则，深刻理解金融监管腐败的原因。

（3）以美国金融监管变革为例，了解自由主义监管伦理的转向。

（4）进入新时期，全球金融危机爆发后，思考金融监管伦理的价值转向。

案例导入

案例 5-1　德 隆 事 件

一、案例介绍

2004年4月，曾经是中国最大的民营企业的德隆轰然倒下。当初被人们称作"股市第一强庄"的德隆系，这个旗下拥有177家子公司和19家金融机构的巨型企业集团，在瞬间瓦解。2004年4月，德隆系上市公司的股价开始狂跌，在不到1个月的时间内，总共蒸发掉了近百亿元人民币的流通市值，德隆帝国崩溃。

德隆先后控股了新疆屯河、合金投资、湘火炬、天山股份、ST中燕、深发展等6家上市公司，参股华冠科技、重庆实业、光明家具、福田汽车等非金融类上市公司和金新信托、新疆金融租赁、新世纪金融租赁、北方证券、德恒证券、恒信证券、东方人寿保险等金融机构，甚至连深圳明思克航母世界、北京JJ迪斯科广场、北京喜洋洋文化公司等也是德隆的下属企业。

这些上市公司及其他与德隆有关的上市公司，在证券市场上被称作"德隆系"。德隆系构建了庞大的产业帝国和金融帝国。德隆的产业横跨"红色产业"（番茄酱）、"白色产业"（棉花及乳业）、"灰色产业"（水泥）和"黑色产业"（汽车制造和机电业），资产以百亿元计，足迹遍布新疆、上海、北京、深圳等各大省市。"德隆"似乎成了无所不能的代名词。

然而,2004年3月开始,由于德隆系内资金链断裂,再加上国家宏观调控政策使得银根缩紧,由德隆控股和参股的多家上市公司股票连续跌停,滑落到停牌的边缘。德隆系股票二级市场市值在2004年3月初到4月中旬的1个多月时间损失近百亿元。2004年8月8日,华融资产管理公司接手德隆,负责有关德隆债权债务的一应事务,并着手对德隆进行重组。

二、德隆系大型金融控股公司存在的主要问题

（一）违规资本运作

德隆的"资本运作"主要有以下几种方式:一是控股上市公司,通过发行股票及配股从证券市场一级市场上获得资金;二是坐庄操纵上市公司股价,将股价拉高,从证券市场二级市场中获取资金;三是将股价拉高之后,以股票作抵押,从银行取得贷款;四是控制证券公司、信托投资公司等非银行金融机构,违规发行个人柜台债、信托计划等取得资金;五是以下属企业名义从商业银行大量贷款,用作收购金融机构股权和股市操作;六是从控股的城市商业银行融资,转给非银行金融机构;七是挪用股民保证金;八是利用上交所国债回购大量融资。

（二）关联交易泛滥

关联交易会妨碍公平竞争和损害投资者的利益,使监管当局难以了解其风险。由于关联交易的存在,使集团内部资金调拨十分容易。

（三）信息不透明,故意隐瞒重要信息

德隆注重资产和业务跨行业组合,甚至故意通过组合隐瞒真实状况。在风险处置过程中人们发现,德隆的真实净资本模糊不清,"只有唐万新心里有一本账"。

讨论:

1. 通过查阅资料,讨论德隆轰然倒下的原因有哪些?

2. 德隆事件对我们有哪些启示?

案例5-2 广信事件

广东国际信托投资公司（以下简称广东国投）,于1980年7月经广东省政府批准成立,系全民所有制企业法人。1983年,广东国投经中国人民银行批准为非银行金融机构并享有外汇经营权。1984年3月,广东国投经广东省工商行政管理局注册登记更改名称为广东国际信托投资公司,注册资金为12亿元。1989年,广东国投被国家主管部门确定为全国对外借款窗口。20世纪80年代末,广东国投从单一经营信托业务发展成为以金融和实业投资为主的企业集团。广东国投的主要高层领导有董事长邱长云、总经理麦智南等。破产前,广东国投是我国仅次于中信的第二大信托投资公司,也是中国在海外最活跃的融资窗口之一。

1992年以来,广东国投由于经营管理混乱,存在大量高息揽存、账外经营、乱拆借资金、乱投资等违规经营活动,导致不能支付到期巨额境内外债务,严重资不抵债。1998年10月6日,中国人民银行决定关闭广东国投,并组织关闭清算组对其进行关闭清算。关

闭清算期间广东国投的金融业务和相关的债权债务由中国银行托管,广东国投下属的证券交易营业部由广东证券有限责任公司托管,其业务经营活动照常进行。经过1998年10月6日至1999年1月6日为期3个月的关闭清算查明,广东国投的总资产为214.71亿元,负债为361.65亿元,总资产负债率为168.23%。1999年1月11日,中国银行发布《关于清偿原省国投自然人债权的公告》,鉴于广东国投已严重资不抵债、无力偿还巨额债务,对自然人债权的清偿,只支付本金,不支付利息。中国银行清偿广东国投自然人债权后,中国银行广东省分行代广东省财政厅依法申报债权,以普通债权人的身份按破产清偿顺序受偿。当时这一事件在国内外引起高度关注,被称为"广信事件",亦被法律界人士称为"世纪大案"。

讨论:

1. 通过查阅资料,讨论广东国投关闭清算的原因有哪些?
2. "广信事件"给我们带来哪些启示?

第一节　金融监管及其发展趋势

20世纪90年代以来，一些国家和地区频繁发生的金融危机，对全球经济、政治的发展以及社会稳定都产生了巨大冲击，这促使人们开始对金融发展和金融监管问题进行一系列的反思和探索。

一、金融监管

在市场经济条件下，必须对经济实行宏观调控和监督，金融监管是经济监督的重要组成部分。根据金融监管主体的不同，金融监管有狭义和广义之分。狭义的金融监管是指金融监管当局依据国家法律、法规的授权对整个金融业实施的监督管理。广义的金融监管除包括上述监管之外，还包括金融机构的内部控制与稽核、同业自律性组织的监管、社会中介组织的监管等。在实践中，对于金融监管一般用其狭义的概念较多，本书也主要论述狭义的金融监管。

从金融监管的含义中我们不难看出，金融监管的原因、主体、客体、内容和手段，是金融监管的主要内容。一般来说，一个有效的金融监管体系必须具备三个基本的要素，即监管的主体、监管的客体和监管的手段。金融监管的手段将金融监管的主体和客体联系起来。一个国家和地区的金融体系是金融监管的对象，中央银行或其他金融监管当局是金融监管的主体。金融监管的主体作为公共利益的代表，运用国家法律赋予的权力去监管整个金融体系的特殊机构。

从金融监管的过程上划分，各国金融监管的基本内容包括三个方面：一是预防性措施，即事前监管，主要包括对开业登记、资本充足性、清偿能力、业务活动、贷款集中程度、管理层、稽核检查等方面的监管。预防性措施以公开发布的法律为依据，因而是一种制度化的监管手段。预防性监管是为了预防或限制由金融机构本身经营不善而引起的种种风险而采取的一种积极的预防性措施，以便将风险隐患消除在萌芽状态。二是救援性措施，即事中监管。许多国家的金融监管当局担当最后贷款人的职责，对遇到临时性清偿困难的商业银行提供紧急资金援助，帮助他们度过暂时的流动性困难，避免倒闭事件的发生。为了防止商业银行过分依赖最后贷款人而不负责任地扩大资产业务，最后贷款人的确切职能定位一般不予公布。三是事后补救措施，即事后监管。事后补救的主要形式是存款保险制度，它是保护存款人利益、稳定金融体系的最后一道防线。

二、当代金融监管的发展趋势

目前，国际金融监管模式的变革呈现出以下几个方面趋势：从分业监管向混业监管转变；从机构性监管向功能性监管转变；从单向监管向全面监管转变；从封闭监管向开放监管转变；合规性监管和风险性监管并重；从一国监管向跨境监管转变。对金融监管理论与实践的回顾，对我国金融监管有重要指导意义。

（1）金融监管与包括金融创新在内的全部金融活动不是彼此割裂的，而是相互衔接的,是一个统一的整体,是在国内宏观经济、财政与金融这样一个整体状况下进行的。衡量一国金融监管模式是否合理有效,关键在于判断它能否与经济尤其是对金融业的发展水平相适应,能否与国情相适应,能否实现金融监管的目标。我国金融监管体制的变革需要同国内金融创新相适应,需要采取审慎渐进的步骤,密切关注这一进程中出现的问题。

(2)金融监管必须同金融运行状态相协调。这包括两层含义:其一,开放条件下的金融发展,其具体内容的实施都是以一定的条件为依据的,在金融监管没有跟上的背景下贸然出台一些金融创新有可能产生不利的后果;其二,顾及金融监管而不去进行金融创新,原地踏步或继续实施严格的金融管制,同样会产生严重的后果。金融全球化将以其不可逆转之势深刻影响各国经济与社会的发展,我们在新的历史机遇与挑战面前,必须头脑清醒地确立我国在全球经济、金融格局中的战略地位,制定更具有能动性的金融发展的政策,积极优化与完善我国的金融监管体制,使中国金融继续朝着稳定健康的方向发展。

三、我国金融监管模式及其展望

在金融全球化的国际大背景下,我国金融监管模式采取的是根据既定金融机构的形式和类别进行监管的传统方式,即分业经营。在分业经营下,金融业的运营效率低下,束缚了我国金融业的发展。但在金融监管模式不能有效维护金融体系安全的情况下,贸然实行混业经营必将导致金融风险的积累。因此,我国金融业要实行混业经营就必须对现有的金融监管模式加以改革,而功能性金融监管模式是新形势下我国金融监管模式的最佳选择。

在金融全球化趋势不断加强,国内金融改革日益深化的形势下,特别是在适应社会主义市场经济体制建立和发展的需要的前提下,如何进一步完善我国金融监管模式,提高金融监管的质量和水平,是金融监管理论与实践所面临的一个重要课题。我国的金融监管体系尚不完善,从监管的模式到监管的手段都存在一些亟待解决的问题。因此,切实加强和完善我国的金融监管模式,对于分散金融风险,保证金融机构有充足的清偿能力,维护金融组织体系的稳定,为整个经济的运行提供坚实的基础等方面具有重要的意义。

在某种意义上,金融监管模式受特定环境、背景和条件影响,因此,我们不能一味地模仿西方国家的做法。当然,这并不意味着我们可以漠视国际金融业的发展趋势。在开放的经济形势下,金融的国际化、自由化和市场化趋势加强,金融的国际渗透性、传导性增强,使只靠一国当局难以对外资银行进行有效的监管,各国必须加强国家合作,尤其是母国与东道国的金融监管机构,应在监管职责分工及信息沟通方面加强与国际监管组织和外国监管当局的合作。我国应广泛、深入地研究国外金融监管的最新成果,积极参与国际或地区性的银行监管组织的活动,维护我国金融业整体利益,建立与各国金融监管当局的定期磋商和交流制度,有效加强对银行跨境活动的监管,并在加强国际合作的同时做好对外资金融机构的有效监管。我国金融机构内控机制的建立必须服从国家的有关法律、法规以及金融监管机构的监管要求,确保将各种风险控制在规定的范围内,以实现自身的发展战略和经营目标。此外,我国要充分发挥金融业自律组织的监管作用,发挥社会公众的监督作用,发挥金融机构利害关系人的外部约束作用,使社会各个层面特别是新闻媒体关注金融业的运行,形成经济区域内的金融安全网。

第二节　金融监管中的伦理价值嬗变

一、金融监管中的伦理价值

对金融市场进行监管或管制很容易引起学术上和实践上的争议,这种争议的核心就是对经济自由主义和国家干预主义的争论。经济自由主义作为一种经济理论观和经济价值观,其确立、发展、演变、转型的过程充满了争议,与国家干预主义经济伦理观形成了此消彼长的关系。经济自由主义和国家干预主义的沉浮消长,始自经济学和经济思想的滥觞时代。综观整个经济思想史,这两种思潮其实一直处于一种竞争性的此消彼长的状态,这种趋势是与不同时代的经济形态和发展状况相联系的。经济学家萨尔缪森在《经济学》中指出:经济学本质上是一门发展的科学,它的变化反映了社会经济趋势的变化。这个论断正确地阐明了经济思想与经济发展之间的关系。可见并没有一种一劳永逸的完美的经济思想,可以长久地、绝对性地在任何经济时代都占据优势的统治性的地位。

二、经济自由主义和国家干预主义

有学者认为,所谓经济自由主义,是一种主张最大限度地利用商品市场的机制和竞争的力量,由私人来协调一切社会经济活动,国家则在市场机制和竞争力量无法发挥作用的经济活动中履行职责。所谓国家干预主义,则是一种主张削弱私人经济活动范围,由国家干涉和参与经济活动,并在一定程度上承担多种生产、交换、分配等经济职能的经济思想和经济政策。

在西方经济思想史中,最早的国家干预主义思想可以追溯到重商主义。正如经济学家亚当·斯密认为的"看不见的手"的市场机制理论:相信在一个完全竞争的市场制度里,公司利益必然是协调而不是冲突的;市场可以自动地对经济主体的行为进行调节,从而达到理想的均衡状态;均衡价格可以指引不同产品的相对生产数量和生产要素在生产中的最适度分配;自由市场经济可以达到分配的公平性。

三、西方金融市场中的伦理思潮

假如将眼光从欧洲传统发达国家转移到欧洲比较后进的德国,我们就会发现一种与流行于英国和法国的经济自由主义传统相对立的另一种经济思想,那就是以主张国家对经济运行进行有效干预为主要特征的德国浪漫主义、国家主义和历史主义学说。

李斯特从德国经济发展落后和产业资本薄弱的具体经济现实出发,认为应当重视政府在保护国内产业和扶植经济成长中的积极作用,而不是简单地沿袭发达国家的经济自由主义政策。国家主义的经济学说出现在经济后进的德国,似乎暗示着某种经济思想史和经济史的一般规律。这种规律就是越是落后不发达国家,从自身经济发展阶段和发展水平出发,就越强调国家在经济运行中的作用,越是主张以国家对经济发展的积极干预和计划来代替经济自由主义所主张的自由市场竞争。

在分析一个国家所采取的金融监管和金融抑制政策的历史根源时,也同样适用经济思想史和经济史的规律。然而,经济自由主义所受到的最致命打击是来自凯恩斯主义,它对古典学派奉为神明的完全竞争、市场机制和自由放任提出的挑战,并在某一时期成为取代经济自由主义的经济学正统和主流思潮。在这个时期,为了尽快摆脱经济萧条和经济衰退的影响,为了防止金融危机和金融系统的再次崩溃,各发达国家都采取了一定程度的金融管制政策(如对资本流动的管制、对银行竞争的限制、对利率的管制等),以维护银行和金融系统的稳定性。这些带有强烈国家干预经济迹象的金融控制政策,成为后来金融自由化的最初的改革目标。

总之,经济自由主义和国家干预主义作为一种经济伦理观,在历史上一直存在着一种波浪式的演进规律,经济自由主义和国家干预主义交替发展,在不同历史阶段"轮流坐庄"。这个规律不能不使我们深思,不管是经济自由主义还是国家干预主义,都不是一成不变的伦理教条,而是根据经济发展的具体阶段和特征来判断政策的价值维度。

第三节 金融市场监管的必要性和伦理原则

一、金融监管的必要性

首先,市场有其不完全性,这就需要政府或其他部门对市场参与者进行管理。换言之,所有监管的本质都是对市场不完全性的一种补充、完善和修正。金融监管也不例外。金融市场机制失灵的存在,使得政府有必要对金融机构和市场体系进行外部监管。

其次,随着现代科技的发展和金融创新的不断涌现,金融业务之间的界限被不断地打破,不同金融机构之间和不同金融工具之间的界限也日益模糊,金融发展日益国际化,与此同时,金融领域的风险也在急剧加大。

因此,通过监管来保证金融业的稳健运行是非常必要的。清晰、完善、公开的市场金融法律框架是实施有效金融监管的必要前提,但是,发展中国家面临的更大挑战却是对法律规则和制度的有效实施。我们必须详细考察有效的金融监管以及金融监管所依赖的必要条件和实施监管的具体的可操作的政策工具。

(1) 在所有影响监管效率的条件中,最关键的条件是要存在强有力的独立的监管主体。有学者认为,国际金融的一体化和全球化趋势使得全球金融市场成为一个紧密联系的市场,市场参与者在这个全球市场中享有自由选择的权利,一个脆弱的金融体系存在被逐出全球金融市场的风险,必须由一个独立的监管机构,来执行一个国际上统一的标准,以维持本国金融体系的竞争力;另外,国际机构在促进国际金融监管独立性方面也有重大影响,他们的政策倾向和在监管手段方面的建议,深刻影响了发展中国家的金融监管机构的行为,促使这些机构提高监管的独立性,以适应国际金融组织的要求。监管机构的独立性和可信任度意味着监管机构不受政治压力和利益集团的影响,否则,监管机构就不能获得地方银行体系和民众的尊重和信任。金融监管机构的独立性和可信任度还建立在执行监管的权威性上,它可以独立执行法规,可以独立对犯错者实施罚款和其他惩戒措施。

(2)有效金融监管的另一个必要条件是监管者必须拥有足够的资源以达成其监管的目标。为了保证金融监管机构的监管效率,各国必须对监管机构进行不断的投资,使其拥有足够的资源实施监管行为。监管者必须对银行经营业务、融资技术、风险管理和市场趋势有透彻的了解,对金融机构的金融创新和风险有迅速的反应;监管者还必须能够收集和分析最新的有意义的信息,不能仅仅依赖于银行的财务报告,而要基于严格的程序对银行经营进行密切关注;监管者还必须吸引和留住经过良好训练的专业人员,并使他们有避免腐败的内在机制。政府、金融机构和国际金融组织都应该优先考虑金融监管机构的预算问题,以保证监管者拥有足够的资源实施监管。

(3)实施有效监管的必要条件还要使监管者具有预见性和行动果断。发展中国家要建立现代的具有预见性的审慎监管体系,必须克服文化和法律的障碍。所谓"审慎"的监管体系,就是要监管者创造出一套规则和激励手段,来鼓励银行采取谨慎的行为,而且监管者越早实施这些激励,越有效果。

相对而言,习惯法传统国家比民法传统国家更容易采取预防性的措施。因为习惯法的法律框架提供了基本的原则和指导,而这些基本原则又通过判例和经验而得到丰富,所以在习惯法传统国家的监管者可以在银行的行为不审慎的时候,更容易采取具有预见性和灵活性的监管方式对其进行处理。而在民法传统的拉美国家或者亚洲发展中国家,法律体系相对僵硬,这就使得监管者很难根据预先判断采取具有预见性和灵活性的措施,往往只能制定非常详细的规定,限制银行的行为范围。同时,监管者的判案往往只是对成文法律的一种肯定,而不是对法律的阐述,并且监管者的权力都被巨细无遗地加以规定。在这种法律环境中,监管者很难有足够的空间和机会去作出自己的判断,也很难同银行进行交流,这使监管者难以对银行经营出现的严重问题以及不当行为作出预先矫正。因此,在拉美国家和亚洲发展中国家,监管者往往注重于事后惩罚,而不是事先的果断判断和预见性措施。

二、金融监管的伦理原则

(一)金融市场监管必须遵循独立性原则

监管者的独立性是1992年巴塞尔委员会所确立的核心银行原则中的一个重要标准,但是在不同历史、政治和文化背景的国家,监管者的独立性存在很大的差异。在东南亚传统金融体制中,监管者的独立性要求与英国和美国的监管者独立性要求有很大差异,东南亚体制中监管者由于在人员任免、财务来源以及政策目标上与政府有着密切联系,因此独立性受到较大限制。亚洲金融危机的教训表明,保持金融监管机构在政策操作上的独立性是非常重要的。监管者应该具有脱离政府和其他政治力量的强制性的权威,在对金融机构发放许可证、实施日常监管、惩罚不当交易行为以及在金融动荡时采取迅速果断的矫正措施等方面,应该具有独立的职能和实施权力。监管者的独立性应该以法律手段进行明确界定,这样才能在投资者中确立监管者的权威和可信任度,使监管者可以保护公民免受官僚行政机构不当行为的影响,保护监管者不被既得利益集团所干扰。要使监管者的独立性不受侵害,就要使监管机构超脱于政府之外,不受政府机构人事更迭和政府领导个人好恶的影响,同时,还要保证监管机构的预算和财务来源不受制于政府。

(二)金融监管必须遵循公平与平等原则

金融监管的法律框架和游戏规则必须是公平的,这意味着对不同的交易主体、不同的金融机构、不同的金融市场,都要采取公平的法律框架来实施监管。在我国信贷市场和证券市场上,长期存在着所有制的歧视。在信贷市场上,国有商业银行体系更多地向国有企业发放贷款,而很少向民营企业发放贷款,其原因是金融监管机构认为对国有企业发放的贷款即使出现不良贷款,其政治风险也比较低。这就使得国有商业银行在进行国有企业信贷时较少考虑贷款质量问题。在证券市场上,在对上市公司的选择方面也存在着严重的所有制歧视倾向,国有企业很容易得到上市的法律许可,而民营企业就很难得到上市机会。我国的股票市场长期得不到正常的发展,也与监管部门的歧视性做法有关。公平和平等原则意味着监管者要对不同所有者的交易主体一视同仁,这样才能保障监管的有效性和监管法律的严肃性。

(三)金融监管必须遵循信息披露的透明性和对称性原则

这是一条重要的监管伦理原则。信息披露的透明性和对称性原则从两个方面降低了金融市场的信息不对称性:对金融市场的被监管对象而言,监管者要求其必须向监管者和公众按时披露必要的信息,且信息披露必须是准确的、真实的、完整的,这样监管者和公众就可能对其进行有效的监管;对金融监管者自身而言,其监管的立法框架和游戏规则必须是透明的,其政策的变动和制定政策的过程也应该是透明的,并在立法过程中允许金融机构的有效参与,这样才能保障立法和监管的公正性。

(四)金融监管必须遵循监管机构廉洁原则

金融监管的有效性有赖于金融监管机构和个人在行为上的廉洁性,防止金融腐败。金融监管的目的是保障公共利益,但是很多监管者却被金融机构中的利益集团所收买,在金融监管立法和金融监管行为中出现偏袒利益集团的行为,构成了金融腐败。因此,监管者自己成为"被管制者"俘获的猎物或俘虏。这就是"监管者被俘获"理论。在我国监管者腐败和被俘获的现象层出不穷,严重影响了我国金融监管的效率。

第四节　经济自由主义监管伦理的转向——以美国为例

一、美国金融监管的历史变迁

美国金融监管在 1929 年大萧条之后经历了复杂的变迁过程,美国的监管哲学也一直在加强监管和自由放任之间游移。大萧条使原本崇尚自由放任的美国监管当局加强了对金融业的管制。

《1933 年银行法》中规范政府与银行业之间关系的一些条款被合称为《格拉斯-斯蒂格尔法案》,该法规定任何以吸收存款业务为主要资金来源的商业银行,不得同时经营证券投资等长期性资产业务;任何经营证券业务的银行,也不能经营吸收存款等商业银行业务；商业银行不准经营代理证券发行、证券包销、证券零售、证券经纪等业务；商业银行的员工不得在各种投资银行机构兼职；商业银行不得设立从事证券业务的分支银行或附属机构。

《格拉斯-斯蒂格尔法案》奠定了美国金融分业经营和分业监管的基本模式。20世纪六七十年代以来，发达国家陆续实施金融自由化计划，与此同时，美国的金融创新和金融自由化也突飞猛进，新的金融机构和新的金融产品不断出现，金融机构之间的业务交叉也不断加强，进行综合经营的趋势已经不可阻挡。

1999年，美国通过了《金融服务现代化法案》，废止了执行半个世纪的《格拉斯-斯蒂格尔法案》，改进原有的金融业分业经营和分业监管模式，形成了一种介于分业监管和统一监管之间的新的监管模式，学界称之为"伞形监管模式"。在这种模式下，金融控股公司的各子公司根据业务的不同接受不同行业监管机构的监管，而联邦储备理事会作为金融控股公司伞状监管者，负责评估和监控混业经营的金融控股公司整体资本充足性、风险管理的内控措施以及集团风险对存款子公司潜在影响等。该法案强调了在混业经营背景下对金融体系进行综合性的监管，更加适应新时代的要求，也更促进金融机构之间的相互竞争，并在一定程度上提高了混业经营条件监管的效率。

二、美国金融监管的模式

美国伞形监管模式是一种"双重多头"模式。所谓"双重"是指联邦和各州均有金融监管的权力；"多头"是指有多个部门负有监管职责。在这种模式下，一方面，可以充分调动联邦监管者和地方政府两种力量，使联邦和地方的金融机构都可以得到有效的监管；另一方面，不同的监管机构之间也可以相互竞争，在竞争中提高监管效率，有利于监管资源的有效配置。但是，美国这种特殊的"双重多头"监管体制也有很大的弊端，"双重多头"的监管体制出现了越来越多的监管真空，并使一些风险极高的金融衍生品成为漏网之鱼。最为突出的是各部门、各产品的监管标准不统一，在金融危机发生后监管部门才发现他们的规则完全不适应已经迅速变化的金融系统。在金融创新不断推进的情况下，一些新的金融机构和新的金融产品不断出现，这些金融机构和产品往往没有得到监管。

美国的"双重多头"监管体制的形成，可以说跟具有美国特色的行政体系有密切的关系。美国的行政体系讲究权力的分立和制衡，因此，美国金融监管机构的设立比较繁复，各种机构令人眼花缭乱，并且对同一个监管对象往往都有权力进行监督。美国众多的监管者之间的相互竞争、相互约束和相互制衡，就打破了监管者之间的垄断，防止监管垄断带来的寻租、效率低下等弊端。

三、新时期美国金融监管的转向

美国金融危机的爆发，促使美国监管当局反思原来的监管体制，并酝酿进行改革。2008年3月31日，美国财长鲍尔森向国会提交了《金融监管体系现代化蓝图》（以下简称"蓝图"），这一"蓝图"是美国自1929年大萧条以来最大的金融改革计划。该"蓝图"分为三期。

（一）短期计划

"蓝图"建议在总统金融市场工作小组中加入银行监管者,将监管领域从金融市场扩张到整个金融系统,以增进金融监管机构之间的协调和合作;新成立抵押贷款创始委员会,监督按揭贷款管理;给美联储扩权,除监管商业银行外,还有权监督投行、对冲基金、经纪公司、商品交易等金融机构。其短期计划的核心就是扩大美联储权力,消除监管盲区和重叠。

（二）中期计划

"蓝图"建议取消联邦储蓄机构牌照,将其纳入国民银行牌照体系,同时撤销20世纪80年代建立的监督储贷机构的储蓄管理局,将其合并到具有全国银行监管权的货币审计局;美联储应当承担支付清算系统的主要监管责任。可见中期计划主要着眼于整合各种金融监管机构的功能,或将金融监管机构进行合并,或建立新的具有防御性的更高级别的金融监管机构。

（三）长期计划

"蓝图"建议建立一个理想的金融监管体系,分为三个方面:其一是市场稳定监管者(美联储),由它来收集信息并对整个金融风险进行监控。其二是审慎金融监管者,由审慎金融监管者统一领导日常银行事务,新的机构负责向所有银行和存款机构派出检查人员,消除银行和储蓄银行的差别。其三是商业银行行为监管者,它负责监管所有类别金融机构的商业行为,包括保护消费者、信息披露、商业实践以及注册牌照等事宜,并为行业进入提供统一标准。《金融监管体系现代化蓝图》虽然并没有对美国金融体系进行彻底的变革,但是已经就一些重要的弊端进行了修正,这些修正对于整合监管资源、消除监管盲区、提高监管效率都有重要的意义。这个"蓝图"一经推出,就立即引起业界的强烈反应,并对旧监管体系作出全面反思,启动了未来的改革。

2009年,奥巴马政府公布了《金融监管改革——新基础:重建金融监管》的改革方案,主要体现在五个方面。第一,加强对金融机构的监管。该方案指出,所有可能给金融系统带来严重风险的金融机构都必须受到严格监管,对金融企业设立严格的资本金和其他标准,对大型、关联性强的企业将设置更高标准,要求对冲基金和其他私募资本机构需在证券交易委员会注册。第二,建立对金融市场的全方位监管。改革方案建议,强化对证券化市场的监管,包括增加市场透明度,强化对信用评级机构的管理,创设和发行方需在相关信贷证券化产品中承担一定风险责任,赋予美联储监管金融市场支付、结算和清算系统的权力。第三,保护消费者和投资者不受不当金融行为损害。改革方案指出,为了重建对金融市场的信心,需对消费者金融服务和投资市场进行严格、协调的监管。第四,赋予政府应对金融危机所需的政策工具。改革方案指出,要建立新机制,使政府可以自主决定如何处理危机,要求美联储在企业提供紧急金融救援前需获得财政部许可。第五,建立国际监管标准,促进国际合作。为此,该方案建议改革企业资本框架,强化对国家金融市场监管,对跨国企业加强合作监管,并且强化国际危机应对能力。

进入新时期,美国监管体系开始出现一种值得关注的转向,即由强调自由放任、自律和分散监管,转向强调加强管制和统一集中监管。同时,美国金融监管的重心也从监管局部性风险向监管金融市场系统性风险转变。如奥巴马金融改革方案强调加大美联储的权力,优化金融监管体系组织架构,扩大美国金融监管的覆盖面。

■ 巩固训练与提高 ■

1. 金融监管理论经历了哪些发展阶段?

2. 当代金融监管理论有哪些新的发展和趋势?

3. 经济自由主义和国家干预主义在历史上的消长关系给我们什么启示?

4. 金融市场的监管应该遵循哪些伦理原则?特朗普金融新政对美国金融监管的伦理转向有哪些意义?

5. 结合中美贸易战的实际情况,你认为未来理想的金融监管应该从何入手?

第六章 德行操守

学习目标

(1)熟悉银行从业人员、证券从业人员、互联网金融从业人员等金融从业职业道德的基本规范的概念和内容。

(2)了解银行从业人员、证券从业人员、互联网金融从业人员职业操守的要求和基本准则。

能力目标

(1)能够辨析与金融业相关职业道德的概念、内容。

(2)能够运用所学理论知识指导日常的学习和工作的实践。

案例导入

案例6-1 网络借贷行业风险

自2014年以来,伴随着中国金融的高速发展,P2P平台跑路、项目逾期事件一再发生。数据显示,2015年全国有约660家平台跑路,2016年1~2月又有约200家平台跑路。尤其是从2015年6月下旬以来,随着股市的暴跌,出现逾期、跑路和倒闭的P2P问题平台也越来越多,导致大量投资人损失惨重。

而以Lending Club、SOFI为代表的美国网络借贷行业却鲜有跑路事件。其原因在于美国在信用评级、监管合规、风险控制等方面有一套完整的法律和监管体系。在此基础上,美国一直在强调金融业道德自律,以构建良好的行业精神,以期通过自律从根源上解决因代理冲突带来的欺诈风险。

讨论:

从该案例中可以得到什么启示?

第一节　银行从业人员职业操守基本规范

一、银行职业道德的概念

（一）银行职业道德

银行职业道德是银行相关工作人员在工作中的行为规范的概括，是指在银行执业活动中应遵循的、体现银行工作职业特征的、以调整银行职业关系为目的的执业行为准则和规范，是银行从业人员在进行银行活动、处理银行业务关系时所形成的职业规律、职业观念和职业原则的行为规范的总和。对于银行业这样的特殊行业，职业道德对员工的工作具有约束性，从而避免银行从业人员在工作中因为私利而损坏客户的利益和银行的形象。良好的职业道德修养是做好一切工作的基础，银行从业人员的职业道德素质对银行形象的兴衰、社会主义道德的风尚产生十分重要，内容也十分丰富，包括忠于职守、严守信用、廉洁奉公、竭诚服务、顾全大局等。遵守职业道德规范是每个人的必修课，每个在银行工作的从业人员都必须明确自己的职业角色，在职业活动中既要对自己负责，又要对工作负责。

（二）银行职业操守

银行职业操守是指与银行业相关的职业行为规范的总称，即从事银行职业的人员，或其他与银行业金融机构有关系的机构、人员，在银行业务活动中处理与社会有关部门、服务对象的关系，处理内部之间、部门之间的关系，处理个人与集体、国家之间的关系所应该遵循的行为准则。其依据为原银监会于 2006 年颁布的《商业银行合规风险管理指引》中的第三条。职业操守包含的内容，相较于职业道德，更为详细而具体，更为可控和具有操作性。

（三）银行职业道德和其他职业道德的关系

两者都从属于社会道德体系，其基本原则和精神有着一致性。但涉及具体的道德要求，却带有不同的行业特点和不同的适用范围。银行职业道德只是银行职业范围内的特殊的道德要求，只能在银行这个特定的范围内起作用。对其他行业从业人员的行为是不适用的；同样，其他行业的职业道德，对银行工作人员的职业行为也是不完全适用的。

（四）银行职业道德与银行的管理制度、法规的关系

两者都具有行为规范的性质。但是，银行的管理制度、法规是强制执行的规范，依靠行政手段和纪律处分及法律等来实施；而银行职业道德则具有观念规范的性质，是从道义上要求从业人员以一定的思想、感情、作风和行为来待人、处事和履行职责，只能依靠从业人员的内心信念和社会舆论来维持。两者的作用方式不同，但又互相联系，相辅相成。

二、银行职业道德规范的内容

社会主义银行职业道德规范是在共产主义思想和集体主义道德原则指导下建立起

的,它所体现的不仅是银行业发展的要求,而且是整个社会、全体人民的要求。它是银行业广大职工在长期的银行工作实践中形成的一些基本的、比较固定的处理道德关系的要求。概括地说,主要有以下几个方面。

(一)忠于职守

忠于职守是整个银行职业道德规范体系的基石,没有这块基石,其他道德规范的实践和道德境界的提高就无从谈起。

1. 忠于职守的含义

忠于职守是社会主义职业道德的一个最基本的要求。它是指负有一定责任的人对待本职工作极端热忱,对业务精益求精的精神;是一种兢兢业业、任劳任怨、坚持原则、不为任何名利所诱惑、不向任何邪恶势力屈服的品质。简而言之,忠于职守就是忠诚于自己的职业,尽心尽力地做好自己的工作。

2. 忠于职守的具体要求

(1)要树立全心全意为人民服务的思想。全心全意为人民服务,是社会主义职业道德的主旋律,也是银行职业道德的核心。人民群众是社会的主体,国家的主人,社会主义的创造者。银行从业人员只有树立为人民服务的思想,才能使自己的思想和职业行为符合社会主义历史发展的要求,为社会主义经济建设提供最佳的金融服务。

(2)要精技勤业,争创第一流的服务、第一流的效率、第一流的成绩。岗位有区别,分工有不同,但每一个具体的岗位都是整个金融事业不可缺少的,每一个银行从业人员的职业工作都对整个金融事业有必不可少的重要作用。好比一台复杂的机器,由无数个单位的零配件构成,每一个零件都关系到机器的正常运转。银行从业人员只有认真钻研业务技术,不断提高工作技能,并熟悉党和国家的经济建设方针、政策,掌握一定的金融基础知识并加以灵活运用,才能出色地完成本职工作。

(3)要具有临危不惧、坚守岗位的崇高献身精神。这是银行从业人员高尚的道德理想、优秀的道德品质在非常情况下的特殊体现。银行从业人员要时刻提高警惕,严格制度,堵塞漏洞,加强防范,在银行账款一旦遭受水火灾害侵袭时,尤其是遭遇歹徒抢劫盗窃时,每一个银行从业人员都要坚守岗位,临危不惧,挺身而出保护国家和人民的钱财不受损失。

(二)严守信用

银行业是一种经营货币信用的社会职业。它的经营方式就是信用,严守信用对银行业来说具有特殊的意义。

1. 严守信用的含义

严守信用是银行职业道德的一个主要规范,它是指一切与银行业务活动相关的个体行为,都应站在银行职业群体的立场上,把重合同、守信用,维护和增进银行及银行职业群体的声誉放在首位,一切言行都应以不损害客户的利益和不损害银行职业群体的信用和声誉为准则。严守信用是银行的立业之本。社会主义银行事业是人民的事业,更应该取信于民,树立起银行的信誉,取得客户的支持和信任。

2. 严守信用的具体要求

(1)组织存款,信用为重。存款是银行业务活动的起点,银行组织存款的过程,实际上也是坚持信用为重,提供信用保证,搞好信用服务的过程。在组织存款中,要求每一个银行从业人员尽职尽责,严格按金融政策和有关规章制度办事,切实保障客户合法的正当权益不受侵犯。具体落实到日常生活中,就是保证存取自由。做到存款有息,为储户保密,以维护储户的利益。

(2)发放贷款,遵约守信。发放贷款是银行业务活动的关键。银行发放贷款的过程,实际上是银行向社会公众提供的一种授信行为。"发放贷款,遵约守信"是信贷活动规律的内在要求,为此,要求银行从业人员在办理贷款业务时必须做到:第一,正确处理好国家、企业、银行三者的利益关系;在银行业务活动中,上述三者的利益关系是通过国家的信贷政策体现的,按照信贷政策合理发放贷款,是正确处理国家、企业、银行三者利益的重要保证,也是银行从业人员应有的职业道德的一种表现。第二,树立信用观念,自觉履行合同。借款合同一经确立,就具有法律的约束力,必须严格遵守,履行合同规定的义务,维护合同的严肃性。银行从业人员要有强烈的信用观,把借款合同看作是以信用为基础,以法律为保障的契约,认真履行自己承担的道德责任和义务。

(3)办理结算,维护权益。银行从业人员办理结算、维护权益既是社会主义结算的特点,又是严守信用在结算业务活动中的具体体现,是银行从业人员所必须具备的职业道德品质。在办理结算时维护收付双方的正当权益,主要是通过严格执行结算制度,克服本位主义,站在公正的立场维护结算纪律和加强结算监督来体现的。为此,要求银行从业人员做到:第一,严格执行结算开户规定,如果不严格按照开户条件进行审批,对不符合结算制度规定的予以开立账户,就可能损害双方的利益,同时也会为一些不法分子通过结算账户进行诈骗活动提供条件,这是一种不负责任、失信于客户的行为,有损于银行业的信誉。所以严格执行结算开户规定,是结算业务严守信用的起点。第二,克服本位主义,保障结算双方的合法权益。要求银行从业人员在办理结算时绝不能从银行自身利益出发,为缓解信贷资金不足,或因自身头寸不足,有意扣押支付凭证,无理拒付,或积压联行报单,或占用他行资金,这都是有损结算双方正当权益的不道德行为。第三,要加强结算监督。结算监督是国家赋予银行对经济进行管理的重要职责,也是维护收付双方正当权益的必要手段,应充分认识到放弃监督本身就是一种失职行为,也有害于银行职业道德建设。

(三)廉洁奉公

廉洁奉公是银行从业人员处理个人与国家、银行与客户之间关系的道德准则,是银行从业人员道德的基本行为规范。

1. 廉洁奉公的含义

廉洁奉公就是不徇私枉法,不贪污受贿,不搞任何特权,不利用手中掌握的权力为个人和少数人谋利益,要为绝大多数人谋利益。廉洁奉公,对每个银行从业人员来说,就是要严格遵守银行工作守则,敢于维护银行工作的严肃性和纯洁性,反对贪污受贿行为。大公无私、清正廉明、廉洁奉公,是银行从业人员处理个人与国家、银行与客户之间关系的道德准则。每个银行从业人员只有严格遵守这一道德规范,在从事日常银行业务活动的过程中,始终保持洁身自好、节俭不贪、持权不乱的高尚品质,才能保证银行业健康稳步地发展,使社会主义银行业真正做到廉洁、高效、全心全意地为人民服务。

2. 廉洁奉公的具体要求

(1) 自觉遵纪守法,鄙视阳奉阴违。纪律和法规都是强制性的行为规范,违纪违法必将受到行政处罚和法律制裁。遵纪守法贵在自觉,这种自觉性是最起码、最基本的道德要求。阳奉阴违,表面一套,暗中一套,既已违纪或违法,又设法掩盖,说起假话堂而皇之,导致诚实、求实美德的丧失,故阳奉阴违的做法历来受到道义的谴责。银行从业人员理应鄙视阳奉阴违,摒弃"上有政策,下有对策"之类的不良行为,做自觉遵纪守法的表率。在自己的职业行为中体现和传播社会主义精神文明。

(2) 以勤俭节约为荣,以铺张挥霍为耻。勤俭节约是劳动人民的传统美德,是廉洁奉公这一道德规范的要求。坚持勤俭节约就是保持劳动人民的本色,就是保持无产阶级的政治本色。唯俭可以助廉。无数事实表明,银行队伍里一些干部的变质、堕落,都是从"懒、贪、占、馋"开始的。因此,银行业从上到下,均应树立"以勤俭节约为荣,以铺张挥霍为耻"的道德观念。

(3) 持权不贪不渎,洁身自好为民。银行业务活动的核心是经营货币这一特殊商品,作为银行从业人员,是服务于人民的公仆,必须履行党和人民赋予的权力和义务。权力是党和人民给的,银行从业人员只有为民造福的义务,而无持权谋私的权力,尤其是各级领导、管理干部,应牢记"廉洁奉公"这一道德规范,全心全意地为发展金融事业而奋斗,不仅应做到持权不贪不渎,廉洁清正,而且应以高尚的情操、洁净的心灵、淳厚的作风、正直的品质为人民造福,为部属作出表率。

(4) 刚正不阿反腐蚀,严于律己扬清风。银行从业人员是社会成员的一部分,对社会各界有广泛的影响。个体素质的差异,在任何时候都是绝对的。在相同的环境下,有的人不断丰富、充实、提高自己的精神境界,永远保持着道德上的纯真;有的人却相反,在贪图享乐、攀比阔气、金钱至上、吃喝风猛刮时,就掉进了污浊的泥坑。

(四)竭诚服务

竭诚服务是银行从业人员必须遵守的职业道德规范。银行从业人员做到竭诚服务,不仅有利于促进国民经济的发展,方便人民生活,而且对整个社会风气的好转也起着一定的促进作用。

1. 竭诚服务的含义

竭诚服务是银行业的基本职业地道德规范,也是社会主义人与人的新型关系在银行业务活动中的具体体现和要求。全心全意地为经济建设服务,为人民生活服务,是社会主义银行业的宗旨。在指导思想上和实际工作中,必须把为经济建设服务、为客户服务放在第一位,建立社会主义的新型银企关系,竭尽全力、诚心诚意、满腔热情地服务。

2. 竭诚服务的具体要求

(1) 客户至上,甘当公仆。这是做到竭诚服务、优质高效的思想基础。我们提倡客户至上,就是要从人民的利益出发,以公仆的身份去更好地为人民服务。银行从业人员如果不能把客户的正当利益放在首位,不去积极主动地为客户服务,就无法按照竭诚服务的要求,竭尽全力、诚心诚意地为客户提供优质高效的企融服务。客户至上,甘当公仆,是银行从业人员坚持全心全意地为人民服务的宗旨在职业道德规范上的具体反映。

（2）礼貌待客，文明服务。银行是传播社会精神文明的重要窗口，银行的服务对象来自四面八方，银行从业人员必须把文明服务、礼貌待客作为自己的职业道德要求。要求银行从业人员在日常业务活动中做到：第一，要有主动热情、耐心周到的服务态度。银行从业人员的良好服务态度不仅能促进业务本身的发展，促进各行各业的发展和流通的扩大，而且还能促进社会风气的好转。为此，应做到"四心"，即诚心、热心、细心、耐心。第二，要有整洁、大方、文雅的仪表风度。银行从业人员要做到仪表整洁，讲究卫生，举止大方，彬彬有礼，谈吐文雅，说话和气，以体现良好的精神面貌，在客户心中树立良好的形象。第三，要有优美、整洁的行容、行貌。这是搞好金融服务的重要条件。一个优美、整洁的环境可以给客户精神上带来轻松和愉悦，一个脏、乱、差的环境会给客户带来心境上的不愉快感。

（3）开拓进取，敢于创新。竭诚服务还要求银行从业人员必须具备开拓进取、勇于创新的精神，不断开拓新的服务领域，增加服务种类，为社会提供优质、高效、全功能的最佳服务。为此，银行从业人员应做到：第一，要有锐意进取精神。"进取"就是不满足于现状，刻意求新、不断发展，只有进取才能创新。一个人有了进取精神，就会勇于向前，不断拼搏。第二，要有勇于创新的胆识。银行从业人员必须在坚持四项基本原则、坚持改革开放的方针下，解放思想，大胆探索，不断排除习惯势力的影响，打破陈旧、停滞、封闭、僵化的观念，克服安于现状、思想懒惰、墨守成规、不求上进、惧怕改革的思想，树立市场观念、效益观念、服务观念，努力探索中国特色社会主义金融事业的规律。第三，要努力学习，勤于思考。银行从业人员必须努力学习马列主义、毛泽东思想、邓小平理论、"三个代表"重要思想、科学发展观、习近平新时代中国特色社会主义思想，努力学习党的路线、方针、政策，在政治思想上始终与党中央保持一致；要善于学习、借鉴国外金融理论和金融业务实践的有益经验，通过比较分析的方法，取其精华为我所用。

（五）顾全大局

顾全大局是正确处理银行职业群体内外关系的最基本道德规范，是一切先进的银行职业群体长期道德实践的理论概括。

1. 顾全大局的含义

顾全大局，即在原则上树立整体观念和全局观念，把全局利益、整体利益放在首位，在个人与整体、局部与全局、当前与长远利益发生矛盾时，个人应服从整体、局部应服从全局，当前应服从长远，顾大局，识大体，以维护整体利益、全局利益、长远利益为道德原则。顾全大局的道德意义在于：在协调处理银行职业群体关系时，以优化群体素质和整体功能为最高利益。以全局利益为重，就是有道德的；如果为了当前利益而损害了长远利益，或者为了个人利益而损害了群体其他成员的利益，就是不道德的。

2. 顾全大局的具体要求

（1）立足金融，胸怀全局。广大银行从业人员在职业生活中，应牢固树立全国一盘棋的思想，识大体，顾大局。自觉地把全局利益放在首位，团结一致地为企业服务、为发展经济服务、为社会服务。首先，牢固树立"立足金融，胸怀全局"的职业指导思想。把从经济全局的高度充分筹集资金，挖掘现有资金能力，扩大信贷资金来源作为自己对国家和社会经济全局承担的责任和义务。其次,必须管好用好资金,反对本位主义,把国家宏观调控机制落实到自己的岗位上,在宏观政策指导下,搞活微观经济,为发展社会生产力作出应有的贡献。最后,正确处理银行部门利益与社会利益的关系。银行业在追求自身经济效益的同时,还必须重视社会的整体利益,应把提高社会效益作为提高银行自身效益的前提。当两者利益发生矛盾时,部门利益应该服从社会利益。

(2)团结协作,相互支持。这是社会分工和社会进步的必然要求,也是社会主义新型职业道德的显著特点。银行业是比较复杂的行业体系,每一个银行组织内部存在着多种岗位和分工,它们之间紧密相连,互为依存,这从客观上要求每个银行从业人员在各自的岗位上齐心协力,发挥整体力量。在银行的上下级之间,应提倡下级服从上级、上级为下级服务的职业道德风尚,反对有令不行、有禁不止的个人主义和高高在上的官僚作风。在银行的相邻岗位之间,应提倡把困难留给自己,把方便让给别人的风尚,反对那种相互推诿、勾心斗角、争权夺利的不道德行为。

(3)互助互学,共同进步。这是社会主义新型社会关系的要求,也是社会主义银行职业道德的一个重要要求。共同的事业客观上要求银行从业人员团结互助、互帮互学、取长补短、共同进步。它要求银行从业人员做到:第一,在业务上互帮互学。提高银行部门全体职工的业务技能和水平,除了组织专门的业务学习和培训外,还要依靠各岗位职工在日常生活中的互帮互学,以老带新,使银行职业群体中形成一种"比、学、赶、帮、超"的学习风尚。第二,在工作上互相支持。在坚持原则的前提下,求大同、存小异,不斤斤计较,不以分工不同为借口互相推诿责任;对工作中遇到的矛盾,应先从自身找原因,摆问题,互相配合,共同研究和分析,找出解决矛盾的有效办法;对工作中发生的差错和事故,应勇于"挑担子",知难而进;还应提倡协商讨论、同谋共事的工作作风,反对"事不关己,高高挂起"的自由主义思想。

三、银行从业人员职业操守基本准则

银行业从业人员的职业操守基本准则涵盖以下几个方面。

(一)遵纪守法

银行从业人员应认真学习国家颁布的有关银行管理的基本法规、各项金融政策和法律知识,提高自身管理能力和业务操作能力,真正做到知法、守法;认真贯彻并执行各个专项法规、条例和各项规章制度,以相关的法律法规作为自己的行动准则,使国家的金融方针及政策落到实处,一旦发现违反相关法律法规的行为,要及时制止、纠正和上报。

(二)廉洁自律

强化纪律观念,严格遵守和执行各项规章制度和业务操作规程,按原则办事是对银行业从业人员的基本要求。银行从业人员要做到品行端正、作风正派、艰苦朴素、廉洁奉公,严格要求自己,坚决抵制各种歪风邪气,不以权谋私,不徇私舞弊,不挪用公款,杜绝各种金融腐败作风和金融腐败行为,勇于制止各种金融腐败现象。

（三）诚实守信

银行从业人员应恪守信用，以信为本，坚持信用第一，自觉维护银行信誉，保障储户、用户的合法权益。银行从业人员要做到：避免任何可能破坏金融信用的行为；严禁虚报银行为客户服务、银行的资质及自身的学术水平或专业资历等；不能要求或接受与工作有关的、来自第三方的款项或其他相关利益，也不能让与自己有关的人员接受上述利益，或给予第三方不合法的利益。银行从业人员在通过广告途径对银行进行宣传的时候，必须确保：宣传内容符合现行法律法规的要求；宣传内容符合通行的道德观念；避免提供虚假和误导的信息；尊重客户在银行的秘密和银行系统的声誉，不能直接或间接影响其他银行的产品声誉。同时，在这些广告中应当尽量使用通用术语，从而使客户能够将其与其他银行的类似产品或服务进行对比。

（四）爱岗敬业

银行从业人员应忠于职守，热爱自己的本职工作，忠诚履行自己所负责管辖的业务范围内的各项职责。不同岗位有不同的职责要求。

1. 信贷工作者

信贷工作者要熟悉银行信贷的基本原则和业务范围，深入实践、调查研究，按照市场需要和经济效益的原则择优发放贷款。信贷工作者应对贷款建议中所含信息的真实性、全面性和可靠性负责，坚决杜绝不合理的"人情贷款"；不私用职权向贷款企业提出不正当的要求，索取不义之财；不准弄虚作假，冒名贷款，搞非法经营；不准玩忽职守，搞风险贷款，造成银行财产损失。

2. 储蓄工作者

储蓄工作者要立足储户，按储蓄章程办事，实行"存款自愿、取款自由、存款有息、为储户保密"的原则，不能强迫和摊派存款，也不能刁难和阻挠储户取款，更不能弄虚作假和贪污储户存款、利息和代办费、宣传费等。办事按制度，操作按程序，做到凭证规范化、操作科学化、记账规则化，同时加强事后检查，确保核算质量，这是储蓄工作者应尽的职责。

3. 会计工作者

会计工作者应做到：一要确保资金安全，保证账款、账账、账实、账卡、内外账簿相符，日清日结；二要作风正派，不准盗用公章，盗用联行密押，伪造凭证，伪造假账、假据；三要坚持会计制度规定和会计记账原则，不能感情用事，放弃原则，放松银行柜面监督和管理，为企事业单位及个人违反财经纪律开绿灯。

4. 出纳工作者

出纳工作者应履行以下职责：熟悉财务会计制度，遵守财经纪律；把好现金收付关，做到先收款后记账，付款时先记账后付款；要坚持出纳制度，交易复核，做到日清日结，每日核对库存现金，杜绝现金收付差错事故；收款时，不能以各种借口拒收企业或商户的交款；付款时，要根据客户需要的票面配好所付的款项，并做好复点和复核工作，防止出现差错。坚持钱账分管、及时复核、交接登记、经常查库等原则。

5. 统计工作者

统计工作者应履行以下职责：统计数字要准确及时，有数据、有情况、有分析，为银行决策者进行金融与经济决策提供依据;要对信贷企业单位和个体工商户的资金和现金使用情况进行监督检查;不利用审批权向企业或个体工商户捞取个人好处。

爱岗敬业还要求银行从业人员刻苦钻研,不断提高自身的业务素质和能力;加强学习,努力实践,不仅要精通了解国内的各项金融法规政策,还要对国际惯例、相关的国际法等有清楚的认识;及时准确地理解和掌握清算与结算、账务处理、支付手段与支付方式等各种与银行业务有关的最新知识,完善业务技能,提高工作效率;善于掌握和运用最新的科技成就,加速实现银行业务办理的自动化、信息化和快捷化。

（五）热诚服务

热诚服务的内容如下:

（1）具备良好的服务态度。银行从业人员要礼貌待客,文明服务,在同客户打交道的时候,要注意倾听客户意见,做到态度和蔼、语言文明、工作热情、有问必答、服务周到。

（2）为客户保密。银行从业人员不得泄露客户储蓄账户的信息或者在业务过程中所获得的其他信息和数据。即使需要在法律要求下公开客户信息或者客户授权公开个人信息的时候,也应当有选择性地公开这些信息。

（3）为所有客户提供同等水平和质量的服务。银行从业人员不能因国籍、信仰、性别、经济和社会地位、专业能力等而对客户进行歧视。

（4）银行从业人员应不断改进服务手段,增加服务种类,提高服务质量。

四、银行从业人员职业操守的基本要求

银行无论在经营对象、经营方式和管理方法上,还是在对国民经济的影响、面临的风险上,都不同于一般的工商企业。银行肩负着信用创造、信用介绍、支付中介等一些特殊的职能,这种特殊性要求银行业从业人员:第一,要遵纪守法。银行从业人员要自觉学习并遵守国家及监管机构制定的各项纪律和规章制度,以确保银行自身的健康发展。第二,廉洁自律。银行从业人员要自觉抵御各种腐朽思想和生活方式的侵蚀,坚决反对以权谋私和以工作之便谋取私利的行为,敢于同各种经济犯罪活动作斗争。第三,恪守信用。作为一种信用受授机构,银行以获得和接受社会信用为前提,以授出信用为基本的经营手段。银行从业人员的诚信、守信是银行获取公众信任的重要条件,因此这也成为对银行业从业人员最基本的要求。第四,具有敬业精神。银行从业人员对待工作要认真负责,应有过硬的业务素质。第五,具有创新精神和服务意识。银行业从本质上讲是服务行业,这要求从业人员不断地开发出满足公众需要的金融产品,并为客户提供热情、优质的服务。

第二节 证券从业人员职业操守基本规范

一、证券从业人员行为规范的内容

证券从业人员行为规范内容可以概括为:正直诚信、勤勉尽责、廉洁保密、自律守法。

（一）正直诚信

正直作为证券从业人员的行为规范，它要求从业人员公正而不偏私，处理问题不带个人成见和感情用事，应坚持原则办事。诚信可说是证券行业的命脉所在。证券从业人员要严守信用，实事求是，忠实履行自己的职责和承诺。

（二）勤勉尽责

勤勉要求证券从业人员要踏实勤奋地完成自己所担负的任务。尽责与勤勉在本质上是一致的，是对一种职业行为的不同方面的描述。

（三）廉洁保密

廉洁要求证券从业人员在非分的收益面前，保持自己应有的德操，不谋私利，洁身自好。保密即保守机密。既包括保守在从业过程中接触到的有关客户的和证券经营机构的商业秘密，还包括保守有关国家机密。

（四）自律守法

自律要求证券从业人员对证券业的职业道德规范和法规性政策性规定，都能自觉执行。守法要求证券业从业人员不仅要熟悉有关政策法规，而且要自觉执行所有政策法规。

二、证券人员职业道德规范的内容

随着证券市场的发展，为证券市场的正常运作而辛勤工作的从业人员，已逐步树立起自己的地位与形象。但是证券市场又是一个高风险的市场，证券从业人员的工作涉及国家利益、团体利益和投资者个人利益，因此，必须在坚持"公开、公平、公正"原则的同时，严格按照有关法律和规章制度操作。出于证券工作在社会主义市场经济建设中具有重要地位和相当明显的特点，就必然要求证券从业人员具有高质量的道德素养。证券从业人员的职业道德规范是行业自律监管的准绳，它表明了证券行业自觉接受社会各界人士监督的决心，有利于健全证券业务活动的内部监督和社会监督机制，树立起证券业良好的社会形象。加强职业道德建设，将在不断提高证券市场参与者及管理的素质和水平的基础上，使各方加强自觉、自律意识，各司其职，各尽其责，各守其道，相互督促，相互配合，共谋证券期货市场在良好的监管环境下健康稳定地发展。证券从业人员应遵守的职业道德规范，概括起来有以下几个方面内容。

（一）正直诚信方面

1. 正直诚信的含义

正直诚信就是要刚正不阿，诚实守信；要不畏权势，忠于职守，坚决维护市场的"三公"原则，坚持秉公办事，严守信用，实事求是，忠实履行所承诺的职责和诺言，取信于民。正直诚信是证券从业人员职业道德的根本要求和核心价值。证券从业人员是证券发行、流通市场的代理者，又是直接参与者，他们通过参与市场的发行和交易来组织市场活动，同时又为证券的发行和流通不断地创造和拓展市场。如果没有正直诚信这一基础，就等于切断了证券业的命脉。

2. 正直诚信的基本要求

首先,要求证券从业人员立身要正直,做事要讲诚信,绝不可片面追求盈利,因害怕失去客户而违反原则。必须牢记"三公"原则,绝对不从事对投资者利益有害的活动,不得从事有损于证券市场信誉的活动。"公开、公平、公正"的市场原则是证券市场存在和发展的基石,它的存在决定了证券从业人员必须具备正直诚信的职业道德规范。比如,证券从业人员不得参与非法的证券交易或为非法的证券交易提供方便;不得向客户提供上涨或下跌的肯定性意见;不得为排除竞争者而不正当地运用其在交易中的优越地位限制某一客户的业务活动;不得接受客户在数量、价格方面的全权委托或对任何人以任何方式进行偏袒或给予特殊照顾等。

其次,正直诚信要求证券从业人员在证券发行、证券交易及其他相关的业务活动中所提供、公布的文件和资料必须真实、完整,不得虚假陈述或欠缺重要事项。在证券市场上,从公司招股说明书、上市公告书到年度报告、中期报告及其他重要事项披露等,都必须在公开报刊上予以公告。广大投资者主要是通过这些文件、资料对上市公司进行了解认识,从而作出投资决策的。这些文件、资料的内存和数据往往对股价有很大影响。如果证券从业人员公布不实、严重误导或有重大遗漏事项的公告,必将引起投资者的错误判断与决策,给投资者造成无法挽回的损失。

(二)勤勉尽责方面

1. 勤勉尽责的含义

勤勉尽责就是要勤奋踏实,努力不懈地做好本职工作。证券从业人员要热爱本职工作,认真负责,勤勤恳恳,踏踏实实,任劳任怨,一丝不苟,对待工作尽责、尽力、尽瘁。"鞠躬尽瘁,死而后已"是社会主义职业道德的最高境界。

当今世界,知识更新很快,我国证券业起步晚,要跟上时代的步伐,必须造就一批思想素质好、技术过硬的专门人才队伍。因此,证券从业人员要积极适应我国证券事业迅速发展的需要,必须加倍努力,自觉认真,勤奋学习,熟悉、通晓本职业务,要学习证券知识,熟练操作电脑,努力钻研,勤奋演练,提高自己的工作水平和工作效率。对新政策、新规定、新动向要及时学习、及时掌握,勇于进取,做一名合格的证券从业人员。

同时,我国证券市场是一个新生市场,孕育着巨大的发展潜力。而目前广大国内投资者对筹资企业的情况,对证券投资的观念、理论、技巧,对国家有关法律、法规政策都不太熟悉。国际投资者对中国经济发展及某些具体企业的发展状况也不太熟悉。所有这些都需要证券人员对之进行热情周到的宣传介绍,耐心详细地答问释疑。因此,勤勉尽责既是证券从业人员必备的道德素养,也是关系到证券机构和我国证券事业能否健康顺利发展的重要条件。

2. 勤勉尽责的基本要求

证券业具有资金集中、竞争激烈的特点。这就决定了证券从业人员只有在工作中勤勉尽责,才能避免造成失误,也才能以优质的服务吸引客户、留住客户,从而赢得市场。勤勉尽责是对证券从业人员的基本道德要求。

首先,勤勉尽责要求证券从业人员热爱证券事业,热爱本职工作,努力钻研,勤奋演练,提高自己的业务水平和工作效率。同时,确立"客户至上"的观念。态度诚恳文明,服务周到热情,沟通真诚有效,与同事团结协作,合理处理业务中出现的各种矛盾。只有这样,证券从业人员才能做好本职工作,让客户满心满意。

其次,由于我国证券市场是一个新生市场,故无论从其管理、服务设施、法规建设、机构建设,还是从证券品种来说,目前发展水平都较低,尤其是相对于其国际化的必然趋势来看,应做的工作还有很多,需填补的空白也很多。每一个证券从业人员必须积极思考,创造性地工作,锐意进取,使我国证券市场迅速发展,并充分发挥其筹集融通资金,调节国民经济的职能,为我国整个社会主义市场经济建设作出应有的贡献。

最后,勤勉尽责还要求证券从业人员必须按章办事,尽最大的努力维护客户及公司的正当利益,避免粗枝大叶、玩忽职守、越职行事、欺诈客户的行为。证券市场交易日成交额数以亿元计,键盘一敲,便可使巨额资金物易其主。证券价格起伏涨跌,盈与亏转瞬即变,这是其他行业所不可想象的。所以说作为一个高风险行业,证券从业人员的工作存在着相当大的职业风险。如果不按章办事,不尽职尽责,玩忽职守,后果将非常严重。因此,证券从业人员一定要严格执行规章制度,遵守工作程序,及时、忠实地执行客户委托,不得挪用客户的证券或资金,不得为客户透支买卖股票,不得对客户的交易记录作虚假记载等,不得违背勤勉尽责这一道德规范。

(三)廉洁保密方面

1. 廉洁保密的含义

廉洁保密就是要自觉遵守法律法规,按照规章制度办事,要廉洁奉公,不谋私利,严守秘密,谨言慎行,洁身自好;要品行端正,作风正派,清廉守正,秉公办事;不贪污盗窃,不挪用公款,不索礼受贿,不徇私舞弊,不随意泄露与市场有关的信息和情报,不参与内幕交易,不进行非法交易;不以商业机密换取"腐败收益"。

廉洁作为一种规范要求,是指一个人在非分的收益面前,保持自己应有的德操。所谓"非分",即不是自己的正当合法收入。对合法收入之外或自己劳动应得收益之外的钱财,是否能够保持清正廉洁的品德,而绝不伸手或绝不沾手,对每一个证券从业人员而言,同样是至关重要的。保密即保守机密,即从业人员要保守在从业过程中接触到的有关客户和证券经营机构的商业秘密,以及有关国家机密。证券从业人员在证券业务活动中,其工作性质决定了他们或有着相当的职业便利,或掌握有大量的内幕信息。由于在证券市场上,这些便利和信息都可以直接迅速地转化为金钱。因此,保守秘密,不为非法利益所动,也是对证券从业人员最根本的道德要求。

2. 廉洁保密的基本要求

证券市场涉及企业单位的财务收支和经济活动情况,也涉及个人的市场交易、收入情况,还涉及国家的财政运作状况。除某些信息按国家规定需向社会公布外,相当多的信息是当事者的秘密,任何经济群体和个人在市场经济中,都不愿意别人过多地掌握自己的经济情报,以免使自己在竞争中处于不利地位。即使那些按国家规定予以公布的信息,也有一个公布审批过程、公布条件和公布时机的问题,也会涉及众多当事者的利益。证券从业人员由于工作的性质和需要,往往会优先接触到这些信息和情报,因此,更有责任、有义务对之予以保密。否则，有关内情一旦私下泄露，就会被某些人利用引起市场风波，从而失去投资者对当事证券机构的信任，甚至退出交易，进而影响到整个证券市场的健康发展。

廉洁保密，首先要求证券从业人员务必牢记自己的职责，在工作中不贪财，不伸手，不能利用职务与工作之便贪污盗窃、行贿受贿，不得以任何借口向客户索取礼品或回扣，不得与客户发生借贷关系。尤其是政府管理部门工作人员及证券高级管理人员更应注意，由于他们的身份特殊，不仅需要保持廉洁奉公的美德，还需要主动进行反腐败斗争。证券从业人员只有廉洁奉公，才能做到遵章循则，依法办事，才能站在公正的立场上，促进和维护证券市场的发展。

廉洁保密要求证券从业人员不得以获取利益或减少损失为目的而利用内幕信息进行发行、交易活动。内幕信息是指为内幕人员所知悉的，尚未公开的，可能影响证券市场价格的重大信息。内幕人员可分为上市公司内幕人员、市场内幕人员和政府内幕人员。证券从业人员利用职务之便，利用内幕信息从事内幕交易，违背了证券市场的"三公"原则，损害了投资者、上市公司及证券市场的利益，会导致投资者对上市公司的诚信度及市场交易的公正性产生怀疑，并最终弱化甚至彻底破坏证券市场。

证券从业人员应从三个层次着手保守秘密：第一，为客户保密。证券从业人员对客户的名册登记、开户事项、资金状况及其他相关证券交易情况负有保密的责任。第二，为公司保密。证券从业人员不得擅自向外界提供本公司的重要业务资料与情报，以免使公司在竞争中处于不利地位。第三，保守因职务或业务便利而知晓的尚未公布的证券市场的秘密。例如，证券公司高级管理人员、上市公司的高级管理人员和其他知情者，在中期报表、年度报告及重大事项尚未公布前，不得泄露有关秘密。保守秘密要求证券从业人员不仅要主观上重视，不泄露、不传播、不散发，更要在日常工作中养成防范意识，形成防范习惯。资料不乱丢，档案保存好。对文件要按保密级别分级保存，以防被人轻易窃走秘密，造成不必要的损失。尤其需要指出的是，目前许多投资者为捕捉获利机会，往往以金钱和其他优厚条件为诱饵，来换取证券从业人员的内幕信息。对此，证券从业人员必须站稳立场，不贪金钱，严守秘密，不参与内幕交易，遵守职业道德规范。

（四）自律守法方面

1. 自律守法的含义

证券从业人员要严于律己，遵纪守法，自尊自爱，自重自制；要严格要求自己，从小事做起；要自觉增强法制观念，学法、知法、守法，严格按照规章制度办事，抵制不正之风，与违法乱纪行为作坚决的斗争。

如前所述，证券业是一个与公众利益密切相关的行业，因此，国家制定了尽可能详尽的法规和政策体系来规范公众的行为。欲正人先正己，作为证券从业人员，应强化法规和政策意识，自觉用法规和政策来规范自己的言行，真正做到违背法规政策的话不说，违背法规政策的事不做，违背法规政策的利不取，以自己的实际行动和形象，影响和带动广大投资者自觉遵守国家的法规和政策，创造和保持良好的金融秩序，促使我国证券市场健康成长。

由于证券业在我国还比较年轻，可借鉴的经验少，其运营体系、监管体制不能尽善尽美,法制建设还不完善。而证券从业人员的职业地位使其有可能在短时间内冒较大风险获取高额盈利。证券从业人员所面临的金钱诱惑比其他行业要多得多。自律守法是证券从业人员树立良好职业形象的前提,也是规避证券市场风险的良策。虽然高风险下可能会有高收益,但为了个人的前途、公司的发展、证券市场的进程,绝不应该为了可能的高收益而主动以身试险,冒险者没有常胜将军,总有一天会一败涂地。

2. 自律守法的基本要求

证券市场的主体构成有三类,即投资者、筹资者和中介服务者。投资者为获得资金收益,将闲置的货币资金的使用权转让给筹资者。筹资者为了发展生产和经营的需要向投资者筹款,将证券或资本的所有权转让给投资者。他们显然都是由于利益的驱动,自愿平等地走到一起,实施这一系列转让行为的。如果任何一方由于某种原因被置于不自愿或不平等的地位,他就会立即退出市场。与此相关的一系列市场经济活动和社会生产就会停止,其消极作用是显而易见的。因此,国家有关部门将保证促成公平交易的重担交给了证券从业人员,并为此制定了一系列法规、政策。由此看来,自律守法是证券从业人员的基本道德素养。做不到这一点,就是失职,就不具备做一名证券从业人员的资格。

首先,自律守法要求证券从业人员遵守国家法律和有关证券业务的各项制度条例,在证券发行、交易、管理等一系列活动中,严格规范自己的行为。遵守国家法律是证券从业人员自律守法的最基本的要求。此外,近年来国家证券主管部门和交易所颁发了一系列规定和规则,如有关股票发行程序、交易程序、交易原则、交易场所及禁止进入证券市场的各类人员的有关规定,这些也是证券从业人员理应遵守的。在自身利益与市场规则发生冲突时,证券从业人员必须以法律规范自己的行为,绝不能产生只顾自身利益而不顾市场法规的冲动。

其次,从职业道德角度讲,自律守法要求广大证券从业人员在法律不完善、无规章可循、有漏洞可钻时,更要自我约束。在诱惑面前克服贪心,驱除杂念,牢记自己的职责,不见钱眼开,不见利忘义。事实上,凡是法律法规所禁止的行为,也是职业道德所谴责的行为。证券从业人员若不注意提高自己的职业道德修养水平,缺乏自律,对职业道德规范置之不理,经常性地违背职业道德要求的话,必有一天会触犯法律,落入法网。

三、证券从业人员行为规范的作用

证券从业人员行为规范是证券从业人员在证券活动中必须遵守的行为守则规范。其作用主要表现在以下几方面。

(一)规范证券从业人员的业务行为,保证证券市场的良好秩序,促进证券业的健康发展

对证券业的管理由政府管理和行业自律管理构成。证券业协会作为行业自律管理机构,制定的行为规范、从业人员守则等给每位证券从业人员的职业行为提供了依据、准则和目标,同时也为评判证券从业人员的职业行为、工作态度、服务质量提供了标准,促使证券从业人员在保证证券市场有序进行的同时,促进证券业的健康发展。

（二）提高证券从业人员的业务素质，完善证券从业人员的人格，建立高素质的证券从业人员队伍

证券市场在经济建设方面具有的重要地位，要求证券从业人员具有良好的业务素质。这就需要通过明确从业人员的行为规范，将良好的业务素质渗透到证券行业的每一项工作和每一个环节中去，形成良好的职业风气、职业习惯、职业传统，使每一位证券从业人员真正成为具有良好业务素质的社会所需人才。

（三）健全证券业务活动的内部监督和社会监督机制，树立证券业良好的职业风气和职业形象

证券市场是一个高风险市场，证券从业人员的工作涉及国家利益、团体利益和个人利益，因此，必须坚持"公开、公平、公正"的原则，严格按有关法律规章制度办事。证券行业的职业道德规范是行业自律管理的准绳，它表明了证券行业自觉接受社会监督的决心，有利于树立证券业的良好社会形象。

四、证券从业人员的行为准则

证券从业人员的行为准则包括保证性行为和禁止性行为。

（一）保证性行为

保证性行为又称积极性行为，是证券从业人员应当做到的行为。

（1）热爱本职工作，准确地执行客户指令，为客户保密。客户的指令代表客户的投资决策，关系到客户的投资收益，证券从业人员应准确、及时、完整地执行客户的指令。客户的资金和证券是他们的合法财产，除执行法律特别规定外，证券业从业人员应就客户的投资、奖金、持有证券的情况严守秘密，不得随意泄露给他人。'

（2）努力钻研业务，提高自己的业务水平和工作效率。证券业务具有很强的专业性，而且要不断开拓新品种，发展新业务。这就要求证券从业人员具有扎实的专业知识和较宽的知识面，要不断学习，钻研业务，努力提高自己的专业素养和知识水平，更好地服务客户。

（3）遵守国家法律和有关证券业务的各项制度。证券业务的运作直接关系到各方经济利益，国家的相关法律和证券管理部门制定的规章制度是各经济主体合法权益的保证。证券从业人员应该自觉遵纪守法，严格约束和规范自己的行为。

（4）积极维护投资者的合法权益，珍惜证券业的职业荣誉。维护投资者的合法权益是证券业的职责，也是证券业赖以发展壮大的基础。珍惜证券业的职业荣誉，树立职业荣誉感是每位证券从业人员的应有行为。

（5）文明经营、礼貌服务、保证证券交易的公开、公平、公正。证券业是一个"窗口"行业。证券从业人员在业务活动中要热忱服务，耐心周到，把好服务质量关。证券交易中的"公开、公平、公正"的原则，是证券市场的生命，也是证券从业人员职业行为的基本原则。

（6）服从管理，服从领导，自觉维护证券交易中的正常秩序。证券市场是一个高风险市场，市场中行情瞬息万变，而且突发性事件对证券市场的影响往往迅速而有力。证券从

业人员要从国家利益、整体利益、长远利益出发,服从领导,准确执行指令,自觉维护证券交易的正常秩序。

(7) 团结同事,协调合作,合理处理业务活动中出现的各种矛盾。证券业务运行中有诸多环节,需要证券从业人员团结一致、相互协作,才能提高工作效率,更好地为客户服务。

(8) 热心公益事业,爱护公共财产,不以职谋私,不以权谋私。证券从业人员的特殊岗位,使其要树立强烈的社会责任感,不仅不能以职谋私,以权谋利,而且还要积极参与社会公益活动,爱护公共财产,奉献爱心,关心他人。

(二)禁止性行为

(1) 不得以获取投机利益为目的,利用职务之便从事证券的买卖活动。证券从业人员利用职务之便从事证券买卖,不仅违反了有关法律规定,而且会侵害投资者的利益,助长证券市场的投机风气,扰乱市场正常经营秩序。

(2) 不得向客户提供证券价格上涨或下跌的肯定性意见。证券行情变化莫测,向客户提供价格涨跌的肯定意见,一旦预测失误,就有可能引起经济纠纷,影响证券从业人员和证券业的声誉。

(3) 不得与发行公司或相关人员间有获取不正当利益的约定。这种约定违反"公开、公平、公正"的原则,也违反国家法律规定,这种约定行为将要受到行政处罚甚至法律制裁,由此取得的收益是不法利益。

(4) 不得劝诱客户参与证券交易。证券投资是风险投资,未来的收益是不确定的,投资者应对可能出现的不利后果具备一定的承受能力。证券从业人员劝诱客户参与证券交易却不代其承担相应的责任,是对客户不负责的行为,可能导致证券公司为自身利益而损害客户利益行为的发生,不仅败坏证券业的信誉,而且可能产生不必要的纠纷。

(5) 不得接受分享利益的委托。证券从业人员在接受客户委托同时分享收益,实际上属于参与客户投资,不仅侵犯客户的收益权,而且也违背了证券从业人员不得从事证券买卖的法律规定。

(6) 不得向客户保证收益。证券投资的高风险使任何人都难以保证证券投资的收益水平,向客户作出收益保证,会影响客户的投资决策,并可能导致客户达不到预期收益水平,从而产生法律纠纷。

(7) 不得接受客户买卖证券的种类、数量、价格及买进或卖出的全权委托。法律规定,参与证券投资的客户必须是具备完全行为能力的人,能独立承担投资活动的法律责任,对其账户或以其名义进行的证券买卖负全部责任。证券从业人员接受客户的全权委托,性质上属于代客户进行投资,违背了上述规定。

(8) 不得为达到排除竞争者目的,不正当地运用其在交易中的优越地位限制某些客户的业务活动。证券从业人员为在竞争中保持领先地位而在交易中利用特殊或优越条件限制某一客户的业务活动,显然有违"公开、公平、公正"的原则。无论是大客户还是小客户,也无论是竞争伙伴还是竞争对手,证券从业人员应对所有客户一视同仁。

第三节 互联网金融从业人员职业操守基市规范

随着互联网的快速发展,以互联网为代表的现代信息科技,特别是移动支付、云计算、社交网络和搜索引擎等,将对人类金融模式产生根本影响。因此,加强我国互联网金融职业道德研究,对促进我国互联网金融的健康、有序、持续发展具有重要的理论和现实意义。《中国金融稳定报告 2014》认为,互联网金融的主要业态包括互联网支付、P2P 网络借贷、网络小额贷款、众筹股权融资、金融机构创新型互联网平台、基于互联网的基金销售等。互联网金融这两年来经历了野蛮生长时期,又一直以来处于弱监管的状态,因此不断暴露出各种风险和问题。综观这一切问题,现行法律法规缺位,监管主体不明确、监管不力;业界法律定位不明,可能"越界"触碰"法律底线";资金的第三方存管制度缺失,存在安全隐患;内控制度不健全,民间征信体系有待进一步完善;少部分从业人员职业道德缺失。所以,在政府健全法律法规的同时,我国行业内的企业应如何加强自律成为当前一个亟待解决的问题。

一、互联网金融的含义及其职业道德的特征

(一)互联网金融的含义

互联网金融是指金融服务商以互联网为平台提供的银行、证券、保险等多种金融服务,是对以电脑网络为技术支撑的金融活动的总称。狭义的互联网金融是指以金融服务提供者的主机为基础,以互联网或通信网络为媒介,通过内嵌金融数据和业务流程的软件平台,以用户终端为操作界面的新型金融运作模式。广义的互联网金融包括与其运作模式相配套的互联网金融机构、金融市场及相关的监管等外部环境。

互联网金融是传统金融机构与互联网企业(以下统称从业机构)利用互联网技术和信息通信技术实现资金融通、支付、投资和信息中介服务的新型金融业务模式。互联网与金融深度融合是大势所趋,将对金融产品、业务、组织、服务等方面产生更加深刻的影响。互联网金融对促进小微企业发展和扩大就业发挥了现有金融机构难以替代的积极作用,为"大众创业、万众创新"打开了大门。促进互联网金融健康发展,有利于提升金融服务质量和效率,深化金融改革,促进金融创新发展,扩大金融业对内对外开放,构建多层次金融体系。作为新生事物,互联网金融既需要市场驱动,鼓励创新,也需要政策助力,促进发展。

由于互联网金融的创新性、综合性、复杂性等特征更为明显,其风险比传统金融可能更加复杂。互联网金融就是互联网技术和金融功能的有机结合,依托大数据和云计算在开放的互联网平台上形成的功能化金融业态及其服务体系,包括基于网络平台的金融市场体系、金融服务体系、金融组织体系、金融产品体系以及互联网金融监管体系等,并具有普惠金融、平台金融、信息金融、碎片金融等异于传统金融的典型特征。

(二)互联网金融的职业道德特征

互联网金融活动表现为货币和数字化信息在网络间的传达与调拨,交易双方互不明确,交易过程透明度低,这种依附于高科技和虚拟性的特性,对金融风险具有放大效应。

互联网金融所蕴含的风险复杂性主要表现在两个方面：一方面，互联网金融在本质上具有金融属性，与传统金融一样，互联网金融活动面临信用、市场、流动性、操作性、声誉等一切常规金融风险问题；另一方面，由于互联网金融发展的载体是互联网，互联网本身附有的虚拟性、技术性以及创新性特点会给互联网金融附加很多系统性的隐性风险问题。

互联网金融是互联网技术与传统金融全面结合和创新的产物，其风险产生的主要来源有：①对信息技术装备的依赖，即互联网金融的一切活动都依托于信息技术的软硬件装备，一旦技术出现问题，风险难以控制；②互联网的"虚拟性"特点，即互联网金融中的一切业务活动，如交易、支付结算等都在虚拟的电子信息中进行，交易者身份认证难以确认，容易导致信用风险；③金融的跨界经营，如金融"触电"、电商"淘金"等的发展使金融的跨界经营已成为趋势，进而导致金融风险的不确定性；④法律与监管的缺失，即互联网金融行为缺乏明确的制度约束，单纯的行业自律会积累大量隐性风险。

二、互联网金融中伦理道德失范的表现

互联网金融的发展很大程度上改变了人类的生产方式和生活方式，也给传统金融机构、金融市场以及金融监管等带来了新的挑战，使社会伦理传统道德面临严峻挑战。观察发现，互联网金融目前在国内主要体现为以下六种商业模式，即第三方支付、P2P网贷、大数据金融、众筹、信息化金融机构和互联网金融门户，它们集中分布在支付、融资和理财三大领域。令人不安的是，三大领域中的每一种互联网金融模式都存在伦理道德失范。

（一）信用违约

互联网金融的信用违约多发生于P2P借贷领域。由于P2P网贷平台绝大部分还未接入央行征信系统，平台在进行信用审核时，无法通过信息共享全面了解授信对象，不能有效防范借款人由于过度负债或恶意欺诈带来的信用风险。经过几年"野蛮生长"后的P2P平台积累了大量信用风险，问题平台不断出现，集中体现于频频发生的借款逾期、提现困难及老板跑路等状况。据网贷之家统计，2015年问题平台达896家，是2014年的3.26倍，以6月、7月、12月问题平台数量最多，3个月的问题平台总数超过2014年全年问题平台数量。2015年下半年问题平台数量的急剧增加既有股灾因素的影响，也与实体经济下行压力增大密切相关。

（二）恶意欺诈

在第三方支付领域，由于交易双方并不是面对面的接触，在没有有效措施控制风险的情况下，身份欺诈现象时有发生。信用卡欺诈也是支付领域的一种欺诈形式，即通过虚构交易，套取信用卡里的信用额度，从而达到逃避支付银行费用的目的。在融资领域的欺诈以P2P网贷平台和众筹为代表，借贷或众筹项目管理者发起项目的初始目的就是欺诈投资者。在美国Kickstarter上就曾经发生过复制其他项目进行欺诈的案例。市面上曾出现打着"月收益30％"的"MMM"金融互助社区以及摩提弗金融互助平台，都是典型的具有传销性质的庞氏骗局。还有一些不法分子通过建立假冒的金融机构或电商网站、发送带有病毒链接的诈骗短信来进行"互联网钓鱼"和金融诈骗。2016年1月中旬，国内第一个网络诈骗举报平台——猎网平台发布了2015年网络诈骗趋势研究报告，根据报告显

示,金融理财类是被骗总金额最高的诈骗类型,高达 3 700 多万元,人均损失超过 3 万元。

(三)资金挪用

第三方支付机构在运营过程中存在巨大的资金沉淀,由于缺乏相关的法律与监管制度,这些沉淀资金很容易被挪用于投资或经营其他项目以获取额外收益,甚至还存在卷款潜逃的风险。2014 年 12 月,上海畅购老板因"炒股被套跑路"成为首家倒闭的第三方支付机构。还有一些 P2P 网贷平台,大部分运营资金都是由借贷资金组成,其资本比率低,财务杠杆率高,随着贷款资金规模的扩张,加上中间账户及关联账户又缺乏监管,很容易发生资金挪用,也使平台自融和非法集资的可能性增大。例如,2015 年 1 月出现问题的里外贷,发生了当时 P2P 网贷平台最大金额的兑付危机,高达 9.34 亿元的兑付账款都是平台自融,用途基本都用于投资房地产项目。更有业内人士表示,目前 P2P 问题平台中涉嫌自融的占到 $\frac{1}{4}$ 以上。

(四)信息造假

互联网金融领域的信息造假现象在支付、融资和理财三个领域均广泛存在。第三方支付机构为了拓展特约商户,对商户身份信息管理不到位,造成虚假商户信息泛滥,为洗钱行为提供便利。在 P2P 网贷平台的信息造假尤为严重,虚假宣传和过度承诺的现象泛滥。例如,人人聚财曾公开宣传其获得博时基金子公司的上亿元风险投资,后被博时基金否认;赢多多平台亦宣称自己在原银监会办公,后被原银监会官方微信公众号紧急否认等。还有不少 P2P 网贷平台发布大量假标,虚构借款人身份信息及借款用途等。2015 年年底的"e 租宝"事件震惊整个互联网金融圈,其相关责任人被抓后自曝融资项目中 95% 的项目都是假的。此外,不少 P2P 网贷平台宣称坏账率小于 2%,但在信息不透明的情况下,投资者难以判断其真实性。平台本身也很少会披露自己的财务信息,因此虚报坏账率成为 P2P 网贷平台的一种常见现象。还有些互联网投资理财产品对预期收益率作虚高的宣传,而对亏损等风险提示不足等。

(五)网络洗钱

互联网金融由于其便捷性和匿名性为洗钱行为提供了绝佳的通道。互联网支付可以实现匿名账户划转资金,而且转账成本极低,只需要通过在第三方平台上进行虚假交易,既当买家又当卖家,就能使非法所得披上合法的"外衣"。众筹融资平台和 P2P 网贷平台也是网络洗钱高发领域,由于双方的信息不对称,加上地域和时间的限制,虽然平台会对借款人或筹资人的身份及信用进行审查,但对资金提供者资金来源的合法性疏于考察,这就为网络洗钱提供了便利。此外,互联网金融的洗钱行为还包括网上银行洗钱、网络保险洗钱、网络赌博洗钱、网络传销洗钱、电子货币(如比特币)洗钱等多种形式。例如,2013 年年底被关闭的美国地下毒品交易网站 Silk Road,就是使用比特币进行交易,从事大量非法洗钱业务。

(六)数据泄露

互联网金融未来的方向是大数据金融。在大数据时代,线上交易和大量资金转移均以数据传输作为支撑,极有可能导致信息泄露。互联网金融企业掌握着大量客户的大数据信息,不仅包括客户的个人身份信息,还包括客户所绑定的银行卡等敏感信息,而他们在客户信息安全保护方面,却明显薄弱于银行监管体系。2015 年是数据安全事故频发年,其中 P2P 网贷平台成了黑客攻击的重灾区。2015 年 4 月,芝麻金融由于黑客攻击造成超过 8 000 名用户的资料泄露。有数据显示,2015 年国内上百家 P2P 网贷平台由于黑客攻击造成系统瘫痪、数据被恶意篡改甚至倒闭,其中不乏人人贷、拍拍贷、翼龙贷等知名的 P2P 网贷平台。而用户的个人信息或商业机密被贩卖,也是屡禁不止的现象。

三、互联网金融职业道德的挑战

传统伦理道德的主要使命是调整和规范传统社会中人的思想行为,使其合乎一定的秩序或利益。面临社会的转型与变革,传统伦理道德常常会难以胜任其应有使命,所以,伦理道德也要处于变化、发展之中,它必须接受和适应新生的事物、现象,调整自身的内容与形式;反过来,新生的事物、现象在一定程度上也要受到原有伦理道德的约束。相对于传统伦理道德而言,互联网是一件全新的事物,它虽然受伦理道德的约束,但同时也对传统伦理道德构成了多重冲击。

(一)道德主体的缺席

在现实生活中,人的主体地位始终是不可动摇的。现实生活中的道德主体通常是明显、确定的。然而,在互联网上,道德主体却往往模糊难辨,有"缺席"的倾向。

1. 主体的符号化

在互联网上,行为主体惯于展示的不再是容貌、衣着、谈吐、声望等现实生活中的特征,而是一串串符号。同样,网络交往的对象也只能是一串串符号。这些符号可以被赋予各种意义,包含各种信息,但要追究其深层信息很难,试图把网络符号与现实生活中的人进行一一对应就更加困难,因为互联网具有跨越时空界限的特性,常常使人和网络的结合表现出随机、偶然、毫无规律性。在网络社会中,绝大多数言论、行为,都无法归结到现实生活中的某人,最多只能找到言论、行为的源头——某一串符号。

通常,现实生活中的人只有一个正当的名字、一个正当的身份,当他在某一确定的时间地点工作、学习时,他将无法再在另一时间、地点出现,即所谓"分身乏术"。而在网上,一个网民可以匿名,也可以拥有任意多的网络名(或用户 ID),可以赋予每一个网络名一种职业、一种性格,他能够在网络时空中任意驰骋,"分身有术"。多重身份在现实生活中常常使人疲于奔命,在互联网上却是一种时尚。由行为主体的符号化所导致的身份多重、行为多变,使主体自己也常常难以坚持固有的伦理道德观念。因为传统的伦理道德观念常常是"情境主义"的,它们的适用性会根据时间、形势、环境的改变而改变,一旦改变的频率过快、幅度过大,传统的伦理道德观念常常会显得无所适从。

相应地,现实生活中观点明确、立场坚定的道德主体也会随着符号化的过程陷入模糊、犹疑的境地,道德主体的伦理意识、道德标准与价值判断也会在符号化所造成的分裂、多元倾向中趋于淡薄,甚至产生回避、退缩的现象。

2. 人格的虚拟化

与行为主体符号化直接相关的一个现象是网络人格的虚拟化。随着三维动画及数字技术的不断完善,互联网世界中的虚拟环境越来越逼真,且富有吸引力。网民在日臻发达的网络社会中,也经历着种种在现实生活中难以想象的变化。主体身份的符号化使网民有时几乎成为网络活动的"局外人",他们进行网络活动时,只需借助键盘、鼠标等计算机设备来操纵那个在网上代表自己的符号,现实生活中"心动身随"的状况被改变。有的网民甚至常常觉得无法控制自己在网络交往中的行为,在现实生活中所拥有的强烈的人格观念、责任观念时常被网上的虚拟氛围冲淡。

在现实生活中,我们对自己给予别人的印象、对自己的人格表现十分重视,总是竭力维护和争取尊严、荣誉,因而在日常行为中总是努力按照理想塑造自己的人格,严格遵守生活中的种种准则、规范,唯恐自己的人格受损。互联网为网民提供了匿名、化名的机会,使人隐藏在电脑屏幕的一串串字符之中。由于身份可以被掩盖、伪装,所以很多人开始忽略自己的网络人格、忽略自己在网上的行为与表现。有些人甚至从根本上否认网络人格的存在。

人格"虚拟"的一个直接后果是会使原有的人格意识趋于淡薄,在现实生活中树立的人格理想对行为的影响力也趋于减弱。随心所欲、随波逐流在网络人格中所占的比重渐增,崇高、高尚、坚强等传统的人格塑造模式常常被忽略,表率、榜样的作用也呈现出明显的降低趋势。

3. 自我豁免

在现实生活中,行为主体处在明确具体的社会关系、社会实践之中,极难摆脱相关人乃至公众的注意、监督与评价。网络行为主体的匿名、隐形,导致了颇多认识、判断方面的模糊与困惑。在多数情况下,我们难以找到某一网络行为、网络事件的发起者与促成者。在网上,除了行为者本人,别人几乎无法对网络行为实施的时间、方式进行估计或干预。随着网民的数量呈指数上升的趋势,网络行为的私人性、自主性也随之增多。即使一些网络管理者会对网络采取监控措施,其力度也根本不足以干涉每一位网民的随机行为。并且,互联网中"信息自由""保护隐私"等合理要求也常常助长了网络行为的任意性。

由此,网络行为使传统的伦理道德观念面临困境:发生在互联网上的谎言、偷窃、欺诈等行为,其责任人在很大程度上避免了与传统意义的社会关系、社会实践的接触,责任者之外的其他人根本无法像在现实社会中那样迅速、有针对性地产生道德反应,作出道德判断,采取道德措施。伦理道德规范的力量往往只能表现为行为者自身固有的"道德感",体现在"道德的我"与"行为的我"的对峙之中。在这样的背景下,行为者几乎可以随意地解释他所接受的伦理规范并用来为自己辩护,乃至频繁地实施"自我豁免权":仅我一个人这么做,对整个网络的危害是微小的。并且,既然没有人知道危害由我造成,那么规范对我个人而言便是无效的。

(二)道德标准的多元

与现实社会中较清楚、单一的传统道德标准相比,互联网上的道德标准具有模糊、多元化的趋向。促成这种趋向的原因主要在于网络世界的新奇迭出、网络氛围的突出个性以及网络文化的多元碰撞等。

1. 新奇迭出的网络世界

互联网是一个独立于现实社会之外的、充满新奇事物的广阔电子世界。电子邮件使我们对邮递员逐渐陌生,远程教育使传统的课堂教学面临窘境,电子商务使诸多企业发生剧变……层出不穷的创新与变革使网络社会具备了强烈的吸引力,越来越多的人积极地投入网民群体中。

2. 突出个性的网络氛围

互联网拥有的用户数量越来越多,各种网上社区的吸引力也越来越强。与此同时,现实生活中面对面交流的机会与时间也越来越少,"熟人社会"的凝聚力逐渐减弱。很多人宁愿用手机给所有亲友发信息,也不愿登门拜访。网络交往越来越多地占据着我们的时间,走亲访友、外出娱乐、体育锻炼,甚至休息睡眠的时间也相应减少。可以说,网络在不知不觉中重新安排了我们的生活,影响着我们的生活方式。

3. 多元碰撞的网络文化

互联网集文字、声音、图像于一体,构成一种立体化的传播形态,在吸引众多网民加入其中的同时,还造就了独特的网络文化。网络文化以其高度的综合性,突破了简单文字或静态图像的局限;互联网的全球化拓展,使网络文化具备了吸取世界各地文化成果的可能;网络技术所提供的虚拟、互动功能,更促成多元异质文化的碰撞、融汇,并使之成为网络文化的重要方面。

(三)道德评判的弱化

在网络环境中,受道德主体缺席,道德标准多元的影响,道德评判意识、道德评判力度以及道德评判效果都呈现出弱化的趋势。

1. 道德评判意识降低

互联网以层出不穷的新奇事物,吸引着网民的注意力。网民在获取前所未有的丰富信息、感受多元文化冲击的同时,常常会迷失应有的道德评判意识。按照丹尼尔·贝尔的观念,计算机、网络等现代大众传媒在现代社会共同营造了一种平面化、标准化的"快餐文化",这种文化消解了传统文化的深度模式,产生出一种距离的销蚀现象,其目的是为了获得即刻反应、冲撞效果、同步感和煽动性。于是,传统社会中所坚守的道德评判意识,在一次又一次强调感官刺激、强调享乐、强调快节奏的网络时尚中受到削弱。

2. 道德评判力度减轻

在互联网的网络论坛、电子公告栏中,随处可见"语不惊人死不休"的言论,随时可以发现千奇百怪的网络事件:许多人在网上肆意辱骂他人、攻击政府、偷窥私人信息、发送恶作剧的垃圾邮件。对这种情况,网民也并不是完全听之任之、置之不理,他们也会作出各种回应,加以批评。但遗憾的是,大多数批评意见中缺乏深入的道德思考,与现实社会中作出的道德评判相比,力度明显不够。传统伦理道德评判中应有的严肃、谨慎、深刻常常被电子公告栏中的戏谑、随便、轻率所取代。网上的道德评判经常流于七嘴八舌,陷入"谁都批评等于谁都没批评"的境地。

3. 道德评判效果微弱

在现实生活中,人的交往面较窄,交往对象大多是亲友、邻里、同事等与自己生活圈子密切相关的"熟人",其一言一行总是处于"熟人"的注意、监督之中。一旦有人违背了公认的道德规范,立即会受到劝诫、批评和指责。倘若有人无视这些道德评判,一般会受到相应的惩罚。当然,惩罚并非采取强制的、类似法律制裁的方式,而是以贬低其社会声望、疏散其社会关系、冻结其交往活动等方式进行。这些方式在"熟人社会"中所产生的影响往往是十分巨大的。因而,现实社会中的道德评判常常产生较好的引导、规范言行的效果。

金融伦理学中有三大核心关系:委托—代理关系、权利—义务关系、自律—他律关系。结合上述对互联网金融三个领域内出现的伦理失范,我们可将互联网金融主体之间的伦理问题归纳为以下几种关系的体现。

1) 信息不对称引发主体之间的利益冲突

委托—代理关系中的主要金融伦理问题来源于被代理人不能有效监督代理人行为,其本质原因是被代理人和代理人之间的信息不对称。"信息不对称理论"是美国诺贝尔经济学奖获得者乔治·阿克尔洛夫在1970年提出来的,用来说明相关信息在交易双方的不对称分布对市场交易行为和市场运行效率所产生的一系列重要影响。该理论在互联网金融市场主体关系中体现得尤为明显。在互联网金融体系中存在着诸多契约关系,而缔结契约的交易方之间一旦出现信息不对称和利益冲突,就会产生很多委托—代理关系问题。

2) 权利与义务不对等

权利与义务是法律领域的基本问题之一,也是伦理学领域的基本问题之一。伦理学家认为,所谓公正的根本问题,实质上就是权利与义务的交换与分配问题,即权利与义务究竟如何交换和分配才算得上公平,也就是讨论权利与义务的交换与分配的公正原则问题。在市场经济中,当交易双方缔结了某个契约,就等于是确定了某种权利义务关系,而这种权利与义务应当是相等的,即双方在行使权利的同时,也必须担负相应的义务。然而,在互联网金融体系中,契约的缔结均在网络上完成,因信息不对称导致信息劣势的一方权利更容易受到损害,也就违背了社会公正原则。

3) 自律和他律不能实现有效结合

自律和他律是一对极其重要的伦理学范畴。在金融体系中,他律的形式不仅包括硬性的法律约束,也包括软性的伦理约束。前者主要是指监管部门对金融机构和金融市场的外部监管。后者则主要是通过多种伦理规制手段,对当事人行为进行约束。由于互联网金融在我国还是刚刚起步不久,在互联网金融发展的众多商业模式中,只有第三方支付得到了严格监管,其他包括网络贷款、众筹融资等模式,无论是法律规定还是监管标准都存在很大的空白。除了硬性的法律规制外,软性的伦理规制作为他律之一,是一种基于内在性道德准则的非正式规制,但它又与道德的内省不同,具有一定的外在约束力量。

四、互联网金融职业道德的完善

高要求的道德标准是维持公众信任的关键。美国CFA协会制定的《道德操守和专业行为准则》以框架性的语句描述了金融从业人员应具有的职业道德,具体包括:应遵守法律法规,维持独立性、客观性和专业性,不得从事任何有悖于诚信原则的欺诈行为;应维持资本市场信誉,不得利用重大非公开信息、不得操纵市场;对客户忠诚、公平对待,保护客户机密等。其针对资产管理行业制定的《资产管理公司行为准则》已经被美国 1 000 多家金融机构采用,用来规范职员行为。这些行为准则概括了金融从业人员的职业道德,要求其行为符合客户利益,独立客观地给予专业判断。具体而言,这些行为准则要求金融机构必须对客户忠诚:将客户利益置于第一位,维护客户隐私,保持独立性和客观性;在投资行为流程和交易中,需要向客户披露充分的信息,在适当谨慎的情况下独立作出判断并确定客户的投资适当性。完善互联网金融职业道德的措施有以下几方面。

(一)加强政府的监管机制,建立健全完善的法律体系

2015 年 7 月 18 日,央行等十部委发布了《关于促进互联网金融健康发展的指导意见》,随后在不到 1 个月的时间内,国家陆续出台了一系列从网络支付、股权众筹到网络贷款等各方面更加严格且细化的规定,有利于互联网金融企业不断地走向阳光化和规范化。但整体而言,互联网金融作为一个新生事物,其监管的前瞻性研究、应急反应机制和完善的监管体系建设都还存在诸多的不足。因此,监管机构必须深刻认识到互联网金融风险的巨大危害,并不断提高自身的金融能力建设。坚持从自律到监管再到适度放松的过程的监管思路,在鼓励发展的同时兼顾风险防范的监管原则,实施分类监管的标准,建立互联网金融监管协调机制,特别是"一行两会"和工信部等部门间的监管协调。法律部门也要不断修订现有的法律法规体系以适应互联网金融的发展,并且制定出更加完善的监管细则。

在《关于促进互联网金融健康发展的指导意见》中,肯定了基于互联网的金融创新,明确了互联网金融的内涵和法律实质,明确指出 P2P 网贷平台属于民间借贷范畴,受合同法、民法通则等法律法规的规范,促进了互联网金融行业的健康发展。在此之后,央行发布了《非银行支付机构网络支付业务管理办法(征求意见稿)》,最高人民法院发布了《最高人民法院关于审理民间借贷案件适用法律若干问题的规定》,国务院法制办公室发布了《非存款类放贷组织条例(征求意见稿)》,原银监会等部门研究起草了《网络借贷信息中介机构业务活动管理暂行办法(征求意见稿)》,等等。这一系列法律政策文件的起草和发布都对互联网金融职业道德的完善起到重要作用。

(二)加强行业自律机制的构建

在互联网金融监管的相关法律法规及细则未出台或完善之前,行业自律应先行一步,扮演好互联网金融行业发展的"看门人"角色。互联网金融由于其自身的独特性,只有当政府监管与行业自律双管齐下,才能实现行业的良性发展。2013 年年底,全国性、区域性的互联网金融行业协会相继成立。作为互联网金融行业的自律性组织,近年来,它们在规范日常经营、促进信息披露、加强政府沟通、加大行业对风控能力的重视等方面起到比较好的作用,但由于缺乏约束力,效果十分有限。今后,监管层还需从积极鼓励和引导行业自律,制定完备自律公约、建立行业自律奖惩机制、加强行业职业规范建设及从业人员职业道德建设等方面发挥更大的作用。

（三）加快建设和完善我国征信体系

信用风险是互联网金融面对的主要风险,因此,征信体系可以称得上是最重要的互联网金融基础设施。要建设和完善社会征信体系,一方面,应加快征信立法,使征信系统尽快向互联网金融企业全面开放。2016年年初,包括人人贷、翼龙贷在内的首批13家P2P网贷平台接入了央行的征信系统,未来会有更多的包括P2P网贷平台在内的互联网金融企业享受到开放的信用信息共享服务。另一方面,要建立互联网金融企业自身的征信系统。互联网与征信,将成为征信常态。拥有海量个人数据的腾讯、阿里旗下的腾讯征信和芝麻征信在大数据征信方面树立了行业标杆,成为央行征信系统的有力补充。

（四）加强新闻舆论监督

在这个公民权利意识提高,媒介信息传播技术加强的大环境下,新闻舆论的影响力受到党和政府乃至全社会的普遍关注和高度重视。随着互联网金融创新多元化的发展,各种风险隐患频出,更是需要新闻舆论的监督和引导。新闻舆论监督不仅可以与法律监督和行政监督相互协作,也可以引发舆论热潮,提高公民参与的意识,对社会起到正面导向的作用。例如,新华网作为党中央直接部署,新华社主办的中央重点新闻网站,其传播力、公信力和影响力在业界都享有很高的声誉。新华网副总裁汪金福在"2014互联网金融创新与监管行业峰会"上就提出为引导互联网金融的发展要切实履行舆论监督职责。对于2015年年底的"e租宝"事件,新华网积极跟踪报道,对互联网金融行业的健康发展起到很好的舆论监督作用。

（五）加快网络规则的制定

互联网金融的本质还是金融,但依托的是互联网的"聚合与连接"来撮合交易,利用大数据、云计算管控金融风险,挖掘个性化金融需求。数据化能够将信用变成财富,但也可能带来新的风险。清华大学五道口金融学院院长吴晓就表示,大数据的应用和价值的挖掘不能以牺牲个人数据和财产权为代价。2015年7月,中国发布了网络安全法草案。2015年12月16日,在第二届世界互联网大会上,会议的热点也聚焦在共建一个有规则的网络世界上。2016年11月7日,网络安全法由全国人民代表大会常务委员会发布,自2017年6月1日起施行。由此可见,社会各界对网络规则在互联网金融中发挥的重要意义和作用有了越来越清醒的认识。

▰ 巩固训练与提高 ▰

一、单项选择题

1. 某金融销售人员在向客户推荐理财产品的时候,向客户特别强调了同类产品历史年收益率高达30%,暗示肯定能够达到该收益目标,并强调没有风险。对该行为的评价中,正确的是（   ）。

A. 由于历史上该产品确实没出过问题,也就不用向客户说明是否存在风险

B. 该人员没有做到向客户充分提示风险,违反诚实信用的职业操守要求

C. 该人员是为了完成销售目标,对公司有利,所以是合理的

D. 该人员工作积极、态度诚恳,所以是可以理解的

2. 银行个人理财业务人员的下列做法没有违背《银行业从业人员职业操守》中有关规定的是( )。

A. 利用在银行从事个人理财业务的便利为自己与他人合办的理财咨询公司获得业务

B. 担任银行业协会的个人理财业务顾问

C. 将从事个人理财业务获得的客户信息赠送给兼职所在公司的同事

D. 每天将大部分精力投入到自己的兼职岗位上

3. 金融从业人员在向客户进行营销活动时,下列做法错误的是( )。

A. 应从有利因素方面向客户作出产品介绍

B. 对产品涉及的主要风险特别是该产品特有的风险进行特别提示

C. 提醒客户留意合约中的免责条款

D. 在客户提出问题之时,应本着诚实信用的原则解答,不应为完成销售任务,对产品存在的风险视而不见,或者刻意隐瞒

4. 以下关于金融业从业人员邀请客户或应客户邀请进行娱乐活动或提供交通工具、旅行等其他方面的便利时应当遵循的原则中,不正确的是( )。

A. 这些活动一旦被公开将不至于影响所在机构的声誉

B. 这些娱乐活动不显得频繁或价值在政策法规和所在机构允许的范围内

C. 让接受人因此产生对交易的义务感

D. 属于政策法规允许的范围内,并且在第三方看来,这些活动属于行业惯例

5. 金融从业人员应该确保其娱乐活动为( )。

A. 不明显属于奢侈、浪费的消费

B. 不属于色情、赌博的消费

C. 不属于带有商业贿赂性质的消费

D. 假借业务之名,行个人消费之实

6. 下列行为中,符合金融业从业人员职业操守岗位职责条款要求的是( )。

A. 将与自身职责有关的重要信息与同事交流

B. 积极为同事代岗

C. 为方便代班,将交易密码告知同事

D. 遵循岗位职责划分原则

7. 下列行为中,违反银行业从业人员职业操守关于"岗位职责"规定的是( )。

A. 不打听与工作无关的信息　　　　B. 对反洗钱信息保密

C. 未经批准帮同事代班　　　　　　D. 保管好自己的交易密码

二、多项选择题

1. 在遵循所在机构有关兼职规定的情况下,银行从业人员处理兼职的问题时,应该注意( )。

A. 充分向所在机构披露兼职情况　　B. 避免利益输送

C. 避免利益冲突　　D. 避免信息交流

E. 避免任何报酬

2. 银行从业人员应当遵守法律法规以及所在机构有关兼职的规定,在允许的兼职范围内,应当妥善处理兼职岗位与本职工作之间的关系,不得( )。

A. 利用兼职岗位为本人谋取不当利益

B. 利用兼职岗位为本职机构谋取不当利益

C. 利用本职岗位为本人谋取不当利益

D. 利用本职岗位为兼职机构谋取不当利益

3. 下列行为中,属于利益输送的有( )。

A. 利用本职为亲人谋取利益

B. 利用兼职为本职机构谋取利益

C. 兼职不获取报酬

D. 兼职影响本职工作

E. 利用兼职为本人谋取利益

4. 下列行为中,符合银行从业人员职业操守"风险提示"条款要求的有( )。

A. 提示客户理财产品中对其不利的方面

B. 提供虚假的收益计算方式

C. 力推高收益高风险的理财产品

D. 在营销理财业务时提示免责条款

E. 在营销理财业务时只从收益角度建议客户

5. 在风险提示方面,金融业从业人员的做法明显不妥的有( )。

A. 向客户提供虚假信息

B. 对客户提出的问题闪烁其词,刻意回避

C. 不足以引起客户注意的方式提示免责条款

D. 仅介绍产品或服务的有利之处,对不利于客户的地方刻意隐瞒

E. 因个人利益驱动,着力推荐对自己业绩或奖金有利的产品,却忽视客户的需要

6. 向客户推荐产品或者提供服务时,金融业从业人员应当根据监管规定要求,对所推荐产品及服务的( )进行充分的提示。

A. 法律风险　　B. 政策风险

C. 市场风险　　D. 操作风险

E. 声誉风险

7. 商业活动中正当的娱乐活动是必要的,但金融行业业务人员应该确保其娱乐活动不会产生问题的是( )。

A. 明显属于奢侈、浪费的消费　　B. 属于色情、赌博类的消费

C. 带有商业贿赂性质的消费　　D. 明显属于过于频繁的活动

E. 假借业务之名,行个人消费之实

8. 符合银行从业人员的岗位职责的有(　　)。

A. 打听与自身工作无关的信息

B. 经内部职责调整或经适当批准,代其他岗位人员履行职责

C. 当有急事需要处理时,将规定自己保管的钥匙交与其他工作人员暂时代为保管

D. 经内部职责调整或经适当批准,将本人工作委托他人代为履行

E. 不得违反内部交易流程及岗位职责管理规定将自己保管的印章、重要凭证、交易密码、钥匙等与自身职责有关的物品或信息交与或告知其他人员

第七章 服务意识

学习目标

(1) 熟悉服务意识的内涵。

(2) 掌握服务的定义、服务质量、金融服务的内容。

(3) 了解互联网环境下的金融服务。

能力目标

(1) 能够阐述服务理念的相关内容。

(2) 能够应用服务质量测评模型。

案例导入

案例7-1 某跨国银行在中国境内的中小企业金融服务业务实践

某跨国银行将其中小企业金融服务业务的目标任务定位为:为中小企业客户提供有价值的服务。该跨国银行认为,客户认为影响其进行银行选择的重要因素有十个方面,即:在有利和不利时期都要提供信用支持、了解客户和客户的需求、能满足客户需求的灵活性、长期业务往来的承诺、反应迅速、充分尽职的客户经理、关注所有的关系与业务流程而并非单一的产品、丰富的产品种类、市场领先的银行服务、提供高附加值的咨询顾问服务。根据客户需求,该跨国银行将其商业银行业务的商业模式定位为:对微小型企业,即资产在200万美元以内,以私人资产投入的个体企业,提供一般银行服务、个人房产抵押、金融资产抵押、存款和保险业务。对小型企业,即资产在200万~1 000万美元,独立经营的个体企业,提供现金管理、贸易融资、外汇交易、营运资本、设备融资、抵押、存款、保险等服务。对中型企业,即资产在1 000万~2 500万美元,快速成长的合伙或家庭经营性企业,提供投资资金、上市、咨询等服务。对资产在2 500万~5 000万美元的成熟的中小规模企业,提供咨询、并购等服务。对资产在5 000万~8 000万美元的成熟的中等企业,提供资本市场服务。

讨论:

1. 该跨国银行是如何将服务与客户需求相结合的?

2. 从该跨国银行的做法中,我们可以得到哪些启示?

第一节 服务与服务质量

一、服务的含义和特征

服务是指为他人做事,并使他人从中受益的一种有偿或无偿的活动。服务是一种商品形态,与有形商品一样,它也可以被设计、开发、制造和销售,但是它又与有形商品有所区别。服务具有以下特征。

1. 服务的无形性

服务就是一个过程、一次行动,或者一次交互而不是一件实物。因此,服务的结果往往是看不见摸不着的。由于服务具有无形性,这决定了服务质量是一种主观质量,也就是顾客感知服务质量。

2. 服务的不可分离性

提供服务的过程和消费服务的过程在时间上是同时进行的,即服务提供者在提供服务的同时,消费者也在消费其服务。服务的提供者和消费者一般都直接接触。因此,顾客对于服务质量的感知就会被服务提供者的行为、言语等影响。

3. 服务的差异性

服务是一个双方互动的过程,而不是一种物品。顾客要参与服务的过程,因此服务的环境和顾客的情况都会影响服务的满意度。正因为如此,服务的过程是很难标准化的,即使是相同的服务标准,不同的服务提供者也会对服务结果产生差异,甚至是同一个服务提供者,在不同的心情、不同的时间所提供的服务也会有不同。退一步说,服务的提供者提供了完全相同的服务,由于服务接受者自身的差异,也会导致服务结果感知的不同。服务的这种差异性特征,虽然会对服务质量的标准化产生不利影响,但也使金融机构产生提供个性化服务的可能。

4. 服务的不可储存性

与有形产品不同,服务是不可储存的。服务的产生过程和消费过程是重叠的,不能像有形产品一样,可以根据供需情况,通过库存来调节。因此,服务提供企业很难平衡服务需求和供给,这也就决定了服务资源一定会有所浪费。

5. 服务物品所有权的非转移性

服务涉及有形物品的所有权不可转移是服务与有形产品最本质的区别,也就是说,顾客购买服务,购买的只是服务的享受,而不是服务的所有权。顾客所享受的是在服务过程中的使用权,一旦服务结束,这种使用权便不复存在。

二、服务质量的概念与特征

1. 服务质量的概念

服务质量概念最早来自物质产品质量概念,传统的物质产品质量具有可触摸性,可感知性,是实实在在存在的客体,并且可以用技术数据度量质量,制定质量标准。有学者从战略角度将产品质量总结为服务性、功能性、可靠性、耐用性、适应性、个性化、审美性和感知性八个方面。由于服务只可感知，没有具体的技术指标测量等特性，这使服务质量与物质产品质量有很大的不同。也有学者提出了基于顾客感知的服务质量，认为服务质量是顾客期望服务质量与感知服务质量之间的差距，还把服务质量分为技术质量和功能质量。当前的服务质量概念已经扩大到顾客感知价值、顾客满意、顾客忠诚、企业竞争力等多方面。从以往学者对服务质量的定义可以看出服务质量的实质是顾客对所接触服务的感知和评价。

服务质量作为银行服务过程的一种结果，通常由客户满意和忠诚度来体现，而客户的满意和忠诚度又通常取决于银行提供的产品和服务的能力、水平和质量。有学者认为金融机构的服务质量具有技术性和功能性的双重属性。技术性质量是银行服务结果的质量，功能性质量是银行服务过程的质量，是银行服务质量的关键和核心。

2. 服务质量特征

1）主观感知性

服务质量是一种主观质量，其影响因素比有形产品服务影响因素要复杂得多。这种主观性主要体现在：第一，服务质量是顾客感知服务质量，由于这种主观性特点，服务质量很难被客观的度量标准评测，只有顾客在接受服务之后才能评价服务质量的水平；第二，即使是同一个服务提供者为同一个顾客提供同一水平的服务，但由于环境或心境不同，顾客感知的服务质量也会有所差异。

2）互动性

与传统的物质产品不同，服务是在服务的提供者和顾客的相互作用下产生的。如果服务提供者不提供服务，顾客自然感受不到服务，相反，如果顾客不能很好地感受服务或不能清晰地评价服务，服务过程仍然是失败的，服务质量自然也不理想。

3）过程性

与有形产品不同，服务本身就是一个过程。因此，顾客在对服务质量作出评价时，要分别从两个方面进行：一是服务结果，二是服务过程。两者相辅相成，缺一不可。甚至在有些服务行业中，服务过程比服务结果更加重要。

4）无法度量性

由于顾客评价服务具有很强的主观感知性，使服务不能像物质产品一样具有统一的质量检验标准，以确定合格和不合格。因此，服务质量具有不可度量性。

三、金融服务质量的含义

金融服务质量是金融企业在其全部营销服务过程中，能够满足顾客的明确的或隐含的需要、愿望和追求的能力总和，是企业各种构成要素的质量的综合，是金融服务在顾客心目中的价值。服务质量是维持竞争优势的重要工具，也是金融企业的营销策略。金融服务质量的定义包括两个层次：狭义上，金融服务质量是指金融服务活动本身范围内的相关质量，如服务人员的素质和形象、服务态度、服务技能、服务熟练程度、服务艺术等。广义上，金融服务质量是指整个金融企业全部构成要素的质量，如各职能专家与职能部门的有效支持、计算机中心及其相关系统的有效运作、企业整体的发展战略与营销战略的正确性等。

1. 三项内容

(1) 现场即时服务。

(2) 持续性的服务。

(3) 长期的、稳定的服务契约关系。

2. 两个方面

(1) 技术质量,如营销服务技巧与服务技术能力。

(2) 职能质量,如员工态度、与顾客的关系、内部关系、服务诚意、亲和力、员工风度与个性、与专家的关系、与当地的关系等。

3. 六个层次

(1) 核心层质量,即顾客最关心、最需要、最乐于获得的那一部分金融服务质量。

(2) 实体层质量,即金融服务中可以用实物形态表达的那一部分金融服务质量。

(3) 期望层质量,即顾客预期获得并在接受服务时能够默认的某一水平的金融服务质量,是顾客的主观质量。

(4) 附加层质量,即在法定的质量标准或约定的质量标准以外,或为了想与竞争者区别而添加的有关金融服务的质量。

(5) 创新层质量,即能够使顾客在接受本金融机构提供的产品或服务的过程中或其后可以利用这些金融产品或服务为自己创造更加有价值的那些质量因素。

(6) 未来层质量,即能够在未来(顾客接受金融产品服务以后可以预测的时间内)继续为顾客创造原来未曾想过的价值的那些质量因素。

4. 目前我国金融机构服务质量存在的问题

通过与金融机构企业客户的深入交流,我们得出金融服务机构在服务质量上存在以下问题:

(1) 服务效率低,等待时间久。

(2) 服务费用较高。

(3) 部分员工综合业务能力较低。

(4) 个性化的服务或金融产品不够丰富。

(5) 经常重复办理业务,共享性不够。

四、服务质量的测评

由于服务与有形产品具有不同的特性,因此,服务质量的测量也有其特有的方法,很多学者通过建立服务质量的测评模型分析服务质量。

1. 测评模型

1) 格罗鲁斯模型

1984年,格罗鲁斯第一次把服务质量分解为技术质量(服务结果)和功能质量(服务过程),并在此基础上形成顾客感知质量模型。在2000年,格罗鲁斯又对模型进行了修改,增加了企业形象。

格罗斯感知模型具有重要的意义,它把质量服务划分为技术质量和功能质量,但是没有对顾客期望进行详细的解释,仅仅说明了影响顾客服务期望的因素,如服务经历、口碑等,使服务提供者不知道顾客对期望服务是怎样理解的,大大限制了该模型的应用范围。

2)差距分析模型

差距分析模型又被称为概念模型,用于分析服务质量问题产生的原因,弥补顾客期望服务质量与感知服务质量之间的差距,帮助企业管理者改进服务质量,以与顾客建立长期稳定的关系。该模型的核心点是顾客差距,即以顾客的期望服务为参考点,计算顾客期望与顾客实际感受值之间的差距。在差距分析模型中,我们可以用一个公式来描述服务质量,即:

$$服务质量 = 顾客期望的质量 - 顾客感知的质量$$

3)改进的差距分析模型

1993年,PZB通过研究对服务质量差距分析模型进行了改进,在差距分析模型中加入了顾客可容忍区域,将顾客的期望服务划分为理想期望服务和恰当期望服务两个方面。顾客可容忍区域表示理想期望服务和恰当期望服务之间的差距。另外,在顾客的期望要素中,有些是企业的可控因素,如服务承诺等,还有一些是不可控的隐性因素,如偶然事件、自然情况等。

2. 测评方法

1)SERVQUAL 模型

SERVQUAL 模型最早诞生于1988年,在以后的若干年里,PZB对这种方法进行了多次修正。该模型的核心依据是服务质量等于顾客期望服务质量与感知服务质量之间的差值,其中顾客感知服务质量的测评关键是测评顾客感知服务质量和期望服务质量。最初的模型包括有形性、可靠性、响应性、安全性、胜任力、礼貌性、接近性、沟通性、信赖性和了解性10个维度,下辖97个指标,后来对 SERVQUAL 模型进行改进,提出了5个维度22个指标的测评体系。

2)BANKSERV 方法

该方法是以 SERVQUAL 模型为基础发展而来的,重点反映了顾客对单个问题的期望和感受,避免了由 SERVQUAL 模型造成的潜在心理问题以及通过问卷产生的负面语言问题。

3)SERVPERF 方法

SERVPERF 的含义是"service performance",这种度量方法可以翻译为绩效感知服务质量。与 SERVQUAL 模型不同的是,该方法没有采用差距比较,而是利用服务绩效来度量顾客感知服务质量,在计算过程中没有加入加权权重。另外,用 SERVPERF 方法计算服务质量时不需要考虑期望指标,且信度和效度甚至优于 SERVQUAL 模型,是一种简单、实用和精确的评价方法。但是,SERVPERF 方法通常只关注功能质量,忽视了技术质量。

4) 其他测评方法

(1) Non. difference 方法。Non. difference 方法是在对 SERVQUAL 模型质疑的基础上提出的,这种测评模型不再测评顾客对服务的期望和感知之间的差距,而是直接测评顾客对服务的感知绩效质量和期望服务质量之间的差距。这种计算方法减少了实际感知和期望差异,而是将顾客之前接受服务的经历带到期望服务质量和感知服务质量之间差距的计算中。通过实证证明,该方法与 SERVQUAL 模型和 SERVPERF 方法相比,具有更好的信效度。该方法不仅可以降低工作量,也可以控制调研的结果不偏离实际。

(2) 加权绩效评价方法。该方法通过给不同的影响因素加权的方式,得出不同因素的加权值,判断分析不同顾客的偏好,从而更有针对性地评测顾客感知服务质量。

(3) 归因模式。所谓归因就是当顾客遇到服务结果和期望不一致时,会自发地探究不一致的原因并适当调节自身对服务期望的心理状态。归因模式的第一个特点就是它以服务作为研究对象,以感知服务质量为基础;第二个特点就是以实证研究为依据,加入心理因素,当顾客没有得到期望的服务时,顾客会先分析产生差距的原因是服务提供者还是自己,然后才对自己接受的服务产生满意度的判断,而这种心理反过来又会决定顾客对服务质量的总体感知。

第二节 互联网环境下的金融服务

在互联网时代开始之后,基于互联网的新服务与传统服务相比,其服务内容和服务焦点都发生了巨大的变化。例如,技术进步带来的数字化革命,至今互联网已经经历几代的变化,特别是带宽、网速等网络基础的飞跃更带来了多媒体在互联网中的广泛应用,这使互联网从最初单纯传递文本信息到提供图像、文字、音频、视频等混合信息。而社会生活方式被互联网所改变,又带来了电子商务的兴起,互联网此时不仅仅是信息服务的平台,更变成虚拟世界的载体,越来越多的各类服务不断出现在互联网上。然而,企业在通过互联网扩大经营的同时,也发现虚拟平台下的商务行为与传统方式的交易一样,也需要为顾客(或客户)构建完善的服务系统,顾客的感知质量依然是影响企业盈利的重要因素。不过,在基于互联网的服务质量研究中,既不能完全抛除传统的 SERVQUAL 模型,也不能完全照搬照抄,需要根据实际情况适当修正和改进。

一、传统服务与基于互联网服务的比较

由于基于互联网服务与传统服务之间有着很大的差别,因此顾客对服务提供者的服务质量的评价方式也存在很大不同,同时他们对服务企业的服务满意乃至忠诚的途径又有不同。基于互联网服务与传统服务的无形性和不可存储性有些类似,但在服务差异性上有区别。一般来说,传统服务中服务差异性较大。由于服务人员的重要影响,顾客主要通过判断服务人员的表现以及顾客自身的情绪和态度来进行服务质量的感知,在为顾客提供服务时就可以根据顾客的个性化需求提供相关服务。但在基于互联网服务中,这一

点很难完成。然而,基于互联网服务有着传统服务无法比拟的科技能力和信息优势。通过计算机的帮助,基于互联网服务更有可能总结、分析顾客的特性和习惯,比如根据顾客以往的服务经历识别出顾客的爱好,可以为其提供更为个性化的服务,并在合理醒目的位置提醒用户使用,使顾客能获得更为便捷、快速的服务体验。

二、互联网环境下服务质量评价焦点的变化

服务提供者没有从面对面接触中了解顾客的机会,也没有直接接触的机会让顾客对其建立服务能力的信用方面的信任度。顾客从面对真实的人与环境变为面对虚拟的情境,会有不真实的感觉,而且由于互联网自身的特点,信息流通过程也不断有着各种新的安全漏洞和风险。这些交互环节的巨大变化使消费者感知服务质量的焦点也悄悄在改变,许多学者已经认识到这一点。在过去十几年里,国内外都有许多理论和实证的研究,希望通过消费者偏好总结出互联网环境下的服务质量的关键因素。比如,1997 年 Rice 在研究对网站的感知服务质量时发现,关键因素是网站设计特色和情感体验。而同年,Griffith 等调查了美国最大的 100 家网络零售商,得出电子商务的关键因素是反馈及时,于是建议电子商务的客服部门得为服务提供足够的支持并在客户有在线需求时及时给予反馈和帮助。Balfour 等在 1998 年研究全球电子消费者需求时特别提出了交易安全性和个人隐私。1999 年,Dellaert 等经过几次实验研究后,提出交易网站响应时间是个影响消费者感知网络服务水平的关键因素。Liu 和 Arnett 认为电子商务网站获得成功的主要因素包括信息质量、系统使用、系统设计质量和愉悦感。国内学者于 2002 年研究发现影响消费者网络购物的因素有可靠性、安全性、网页设计的风格、进入网站的方便可行性、产品类型和特点及企业形象;2009 年研究调查了国内某旅游电子网站,结论是交易性和互动性对网站整体服务质量感知影响最为显著。可以看出在互联网环境下,顾客对服务质量评价的焦点比较多地集中在信息搜索、交易安全性和个人隐私、系统使用、沟通、物流等方面,这为服务组织提升自身服务能力,塑造满意顾客提供了可行的发展思路。

三、互联网环境下服务质量的度量

互联网环境下的服务质量与传统服务质量间既有联系,又有区别。目前,许多学者都在研究互联网环境下的顾客感知服务质量,提出了各种测量模型和方法,但尚无被广泛公认的互联网环境下顾客感知服务质量度量模型。下面仅仅从许多国内外研究成果中挑选一些比较典型的案例,可以看出当下在该领域的探索仍在迅猛进行着。比如,Black 和 Kaynama 根据 SERVQUAL 量表,比较研究了网络旅行社的不同经营模式,提出了衡量网站服务质量的量表(E-QUAL),从导览、内容与目的、可访问性、设计与交互、响应性、背景、个性化与定制化 7 个维度来度量在线服务质量;2005 年 PZB 发展出网站服务质量量表(E-S-QAUL),包括效率、完成性、系统可用性和隐私性 4 个维度。还有一些学者,试图从其他角度来衡量网站质量。如 Collier 和 Bieristoek 从服务流程角度出发研究了电子服务质量,将电子服务质量划分为流程质量、结果质量与服务补救质量三个环节。其中,流程质量分为网站设计、隐私性、信息正确性、易用性和功能性 5 个维度;结果质量包

括订货正确性、订货时效性和订货状态 3 个维度；服务补救质量主要有程序公平性、互动公平性和结果公平性 3 个维度。

巩固训练与提高

1. 目前国内外研究金融服务质量的方法有哪些？

2. 简要论述互联网环境下的金融服务的基本内涵。

3. 结合当前商业银行的实际现状，理解我国金融机构服务质量存在的问题。

4. 结合财经类高校大学生的职业发展趋势，谈谈如何提升大学生金融服务质量的核心素养。

第八章 信息保密

学习 目标

(1) 知晓金融业失泄密的形式、原因及防范措施。

(2) 明确商业银行保护客户信息的责任和义务。

(3) 了解我国在金融业保密方面的法律法规。

能力 目标

(1) 能够掌握防范金融业失泄密的措施。

(2) 能够强化为客户保密的意识。

案例 导入

案例 8-1 史上最大规模银行泄密

2015 年 2 月 12 日,汇丰银行大量秘密银行账户文件被曝光,显示其瑞士分行帮助富有客户逃税,隐瞒数百万美元资产,提取难以追踪的现金,并向客户提供如何在本国避税的建议等。这些文件覆盖的时间为 2005—2007 年,涉及约 3 万个账户,这些账户总计持有约 1 200 亿美元资产,堪称史上最大规模银行泄密。

案例 8-2 不翼而飞的银行存款

2011 年 2 月 14 日,家住上海浦东的陈小姐通过网银登录账户,原存有 4 000 余元的银行账户,余额仅剩 85 元。

陈小姐的这张银行卡一直随身携带,密码只有她一人知道,卡上的钱怎么会一夜之间不翼而飞? 类似储户失窃案屡屡发生,涉及多家商业银行。

警方发现,作案人是进入网银把账户的钱划走的。要完成这一操作,必须要有银行卡号和密码,作案人又是怎么知道的?

警方将嫌犯朱某抓获后,找到一个 U 盘,里面竟储藏了 50 万个机动车信息。这些信息是他在网上从一个重庆人手里购买的。朱某从这些信息中整理出带有身份证号的车主名单,这些人成为他作案的初步目标。此后,朱某在网上寻找专门贩卖个人信息的人,拿到这些车主的银行卡卡号和账户余额,还有收入、详细住址、手机号、家庭电话号码、生日等信息。朱某筛选出最有可能的六位号码,逐个进入网银尝试。朱某被抓前,造成受害人损失达 3 000 多万元。

而向朱某出售信息的竟是相关银行工作人员。

讨论:

1. 银行失泄密的方式有哪些?
2. 银行失泄密会带来哪些危害?

第一节　金融保密工作

随着社会主义市场经济的进一步深化、信息化建设的快速发展、社会环境的繁杂多变和金融体制改革步伐的不断推进,金融业保密管理的对象、领域、内容、手段、环境等都发生了很大变化,这给金融机构的信息保密工作带来了严峻的挑战,同时提出了新的、更高的要求。

一、当前金融失泄密的表现形式

近年来,金融系统发生的失泄密事件的主要表现形式有以下几种:

(1)违反涉密文件、资料的制作、传输、销毁规定。有的单位或部门在涉密文件、资料印刷前未按规定标明密级、保密期限和发放范围;有的单位或部门在涉密文件、资料的传输过程中,未严格履行登记制度,传输过程存在着较大的随意性;有的单位打印人员没有把打印不齐、不全、不好的纸张按规定销毁就倒入垃圾箱,结果被人拾获。

(2)违反密码电报使用和管理规定。有的单位员工明密不分,密电明复,对上级行要求以密电上报的事项以明电上报;有的单位将密码电报以文件转发和口头传达时未作必要的技术处理;有的单位在传真保密机未开通前,使用普通传真机传送秘密信息等。凡此种种,都为失泄密事件的发生埋下了隐患。

(3)违反印章管理规定。有的单位公章使用管理松懈,用印不经主管领导批准,有的随意对外单位加盖资金证明和开户证明,有的擅自为企业加盖担保协议,为不法分子进行非法活动提供了条件。

(4)违反《对外经济合作提供资料保密暂行规定》。有的单位或部门在对外提供经济合作资料时,没有坚持保密审查和审批制度,为不法分子进行金融诈骗提供了可乘之机。

(5)违反对外宣传报道保密规定。一是部分金融机构通讯员思想麻痹,缺乏保密意识,甚至对密与非密的界限不清,在采写业务报道时,没有坚持"为储户保密"的原则,把在本行存款的储户姓名和金额也宣传出去。二是银行在开展业务宣传工作时,部分报刊记者要求提供大量资料,银行有求必应,甚至将有关涉密文件、资料也向新闻单位提供,为不法分子作案提供了机会。

二、导致金融失泄密事件发生的原因分析

(1)金融机构重视程度不够,没有把保密工作真正摆到重要的议事日程,有的单位没有按规定成立保密工作委员会或领导小组,有的虽然建立了保密工作组织机构,但在实际工作中并没有发挥应有的作用,形同虚设。

(2)保密责任意识不强。由于使用涉密电子设备处理业务有一定的繁琐性,一些金融机构的领导、员工以影响业务开展或工作效率提升为由,少用甚至不用涉密设备处理业务。有的金融机构在涉密文件的管理和流转上,与普通文件混杂在一起,忽视了涉密文件的机密性。

（3）对保密知识疏于学习和培训，致使有的工作人员对保密工作的基本知识不熟悉，对保密工作的基本制度不明白或一知半解，对失泄密的严重后果也不清楚，不重视；还有的工作人员保密观念异常淡薄，存在着"无密可保""保密无用"以及"有密难保"等错误思想。

（4）保密法规、制度执行不严，一些单位对保密工作存在的问题查处不力，有章不循，违章不纠，有法不依，对可能造成的失泄密事故苗头或隐患没有得力的防范措施。

（5）网络隐患突出。当今是信息高度发达的社会，网络成为我们日常工作和生活必不可少的工具，信息技术的发展给工作生活带来了便利，但同时也影响到金融保密工作的开展，使金融保密工作的开展难度加大。金融机构内部网络计算机存储、处理和传递敏感工作信息，属于保密并限制与外网连接，但实际工作中仍有金融机构员工使用内部网络计算机登录外部网络，极易感染网络病毒，导致保密信息的泄露。

三、做好新时期金融保密工作应采取的主要对策

保密工作不仅关系到金融机构各项工作的顺利开展，还关系到国家的安全和利益。保密工作无论在什么时候都是一项十分重要、不可忽视的工作，特别是在新形势下，保密工作更容不得丝毫的麻痹和懈怠。

（1）各级金融机构主要领导要切实将保密工作纳入日常工作的重要议事日程，并将此项工作作为自己的一项重大的政治责任，真正抓实抓好。在研究、部署涉及自身商业秘密的业务工作时对保密工作要提出要求，做到业务工作做到哪里，保密工作就管到哪里。各级机构领导要带头履行保密职责，认真落实各项保密规章制度、健全保密组织和明确保密人员，并定期组织人员对保密工作进行督导和检查，发现问题及时解决，不留后患。同时，金融机构要按照"工作谁主管，保密谁负责"的原则，层层签定保密工作责任书，做到人人都有保密工作责任；要制定保密工作应急预案，明确组织领导、责任分工、处置程序等，保密工作中一旦发生应急事件，要立即启动应急预案，迅速处置，防止事态扩大。

（2）健全保密制度。完善各项保密制度，是提高金融保密的重要环节。制定可行的制度，就能有效地堵塞漏洞，减少事故的发生。根据《中华人民共和国保守国家秘密法》及上级部门保密管理规定，金融保密工作必须始终遵循"严格管理、严密防范、确保安全、方便工作"的原则，如机要涉密人员调离岗位时，严格履行涉密载体的清点、登记和交接手续，真正把各项保密制度落到实处，形成以制度促管理，以制度促保密的工作机制。

（3）加强保密教育，增强保密意识，提高保密能力。金融机构要把保密教育作为员工培训的一项重要内容，针对行业和岗位特点，丰富培训内容，提高培训质量，推动保密培训制度化、规范化，使广大干部员工进一步增强保密意识，真正树立"保密工作无小事"的理念。金融机构要结合全国金融系统业务活动中发生的典型失泄密案例和对外金融宣传中的失泄密事件，对有关人员进行保密教育，克服部分员工中存在的"无密可保""有密难保"等的错误认识，增强他们保守商业秘密的政治责任感，使其在工作中不断强化保密观念，自觉做好保密工作。对涉及国家金融秘密的金融统计、货币信贷、金融监管、现金调拨等业务部门涉密人员，更要强化保密教育，把保密教育与业务工作有机地结合起来，不断提高做好新形势下保密工作的能力。

（4）加强管理，做好日常管控。金融机构应从以下内容着手：明确规定信息保密的保密范围、保密方式、保密措施以及泄密责任等；按照"涉密人员可靠、可信、可用、可控、可管"的要求，对新录用的员工进行岗前培训；对在岗的涉密人员要加强日常管理和监督，发现不适合继续在涉密岗位工作的，要及时调整替换；对离岗人员要实行脱密期管理，必须进行保密责任教育。

（5）加强秘密载体管理。金融机构应从以下内容着手：①加强对涉密载体制作、使用等环节的保密管理，明确责任人员，履行必要的工作手续。②加强对移动硬盘、软盘、U盘、光盘、磁带、存储卡等涉密移动存储介质管理，凡涉密移动存储介质都要统一购置、统一标识、严格登记、授权使用、集中管理。③加强对连接互联网的计算机进行监控和检查，严禁在连接互联网的计算机上存储、处理、传输涉及商业秘密和工作秘密的信息，严禁移动存储介质（U盘、移动硬盘、存储卡等）在涉密计算机和非涉密计算机之间交叉使用。④加强对印章、印鉴和有价单证的管理。对印章、印鉴和有价单证要实行专人分开保管，并建立健全使用及交接登记簿。同时做好文件、资料的阅卷、归档和销毁工作，对多余或次品文件、资料应当场销毁，不留后患。⑤加强密码明电报的使用和管理。各级金融机构都要把密码保密放在保密工作的重要位置，严格执行有关规定，确保密码秘密安全。⑥加强重要涉密活动、会议和涉外工作管理。重要涉密活动前要制定保密工作预案，对涉密会议要严格控制与会人员范围，重要会议要有专人负责保密工作，对外提供资料要严格履行保密审查、审批程序。⑦进一步提高保密要害部门、部位的综合防范能力。落实保密要害部门、部位管理责任，结合实际制定健全管理细则，落实管理要求，建立定期考核检查制度，加强对责任落实情况的监督考核。⑧加强定密管理，凡涉密的文件、资料，都必须按规定确定和标注密级，并严格按照涉密文件去传输和管理，确保不出现任何失泄密问题。⑨加强媒体危机管理，明确专人进行舆情监测，并主动与地方主流媒体和新闻主管部门沟通联络，从源头上抓好防范。⑩严格责任追究。对违反保密法律法规或泄露商业秘密的责任人，要依据有关法律、规定给予相应的处理，绝不姑息。

第二节 银行对客户的保密义务

在银行工作当中，保密是每个职员必须重视的义务。无论是基层职员（如办理存放款的柜员）或是高级职员，其日常业务都可能接触到银行的秘密。所谓银行的秘密可分为两种：一是职务秘密，是指银行与客户交往过程中所得到的客户的秘密；二是业务秘密，是指银行内部自身的秘密（例如银行的利率政策）。

就银行最基层的储蓄、放款、汇款业务来说，当柜员收到客户一笔存款时，可知悉客户的存款余额。如果客户到银行开的是支票存款的户头，银行可能对客户一些信用条件进行审查，得知其信用状况。银行办理放款业务，必先进行征信工作，从授信的过程中银行可以得到许多客户的消息。就汇款业务而言，银行可获知客户汇款金额。银行对于以上的种种客户的情况都负有保密的义务。

银行重视保密的义务可以保障客户的隐私，增进银行与客户之间的信赖关系，进而拓展银行的业务,巩固银行经营的基础。如果银行不能尽到此义务,客户与银行往来的意愿将会降低,或是提供不实的消息。金融为现代经济的核心,而银行又是金融最重要的组成部分之一,假如大家都不信任银行而不愿意与之来往,社会经济将为之动摇。银行违反保密义务不仅会影响其业务,还需负担法律上的责任。

银行保密的方式有两种:一是保持缄默;二是拒绝查询。前者系不主动说,不轻易在平时的言谈中主动泄露客户的消息;后者系被动不说,对于客户以外的人的询问不加以回答。保密并非绝对的,在某些情况下这种义务是可以免除的。以下就银行保密法律义务的依据、保密的范围、保密义务的免除事由以及违反义务的法律责任作一介绍。

一、保密义务法律的依据

《中华人民共和国商业银行法》(以下简称《商业银行法》)第29条第1项规定,为存款人保密是银行办理个人储蓄存款业务所应遵循的原则之一。第29条第2项规定,对个人储蓄存款,商业银行有权拒绝任何单位或者个人的查询、冻结、扣划,但法律另有规定的除外。第30条前段规定,对单位存款,商业银行有权拒绝任何单位或者个人查询,但法律、行政法规另有规定的除外。保密的义务人不仅及于银行,也及于在银行工作的自然人。第53条规定,商业银行的工作人员不得泄露其在任职期间知悉的国家秘密、商业秘密。此条乃银行保密一般性的规定。

《商业银行法》第1条列出该法的立法目的,包括保护商业银行、存款人和其他客户的合法权益、维护金融秩序等。该法关于银行保密的规定目的就是要保障存款人和其他客户的隐私,维持客户与银行之间的信任关系,使金融秩序得以维持。

《中华人民共和国刑法》(以下简称《刑法》)第219条第1项第3款规定,违反约定或者违反权利人有关保守商业秘密的要求,披露、使用或者允许他人使用其所掌握的商业秘密的,构成侵犯商业秘密罪。

就一般银行与客户之间的契约关系,对保密义务明示的约定并不多。民法理论认为基于诚信原则,应解释银行的保密义务系附加于银行与客户的契约之"附随义务",此义务不待明示即构成契约约定的一部分。如按此一解释,违反保密的附随义务即构成违反约定,触犯了《刑法》第219条。

二、保密的范围

保密的范围应及于银行基于与客户的信赖关系所知悉的事项,无论是客户告知的,还是银行自行调查所得,皆包括在内。具体来说包括下列几项:①银行与客户交往的事项,如存款金额、汇款金额、贷款金额、印鉴样式等;②客户经营上的秘密,如资产负债状况、工厂设备、技术、营运计划等;③客户个人的隐私亦在保密的范围内。平常银行行员办理储蓄、贷款等业务,除了和客户交涉有关业务的事项外,往往在谈话时会谈及与经济情况无关的个人隐私,例如婚姻状况等。此类事项虽非契约的一部分,然就"附随义务"之观点,银行亦应负有保密的义务。且银行与客户之间的关系最重要在于信赖的层次,假如银行可以任意透露个人的隐私,则可能对客户造成伤害,甚至危及其财产或人身的安全。

三、保密义务的免除事由

银行保密的义务不是绝对的,在若干情形下义务是可以免除的。关于存款人的保护,上述《商业银行法》第29条表明对个人存款保密的义务法律另有规定的得以免除。第30条也表明对单位存款保密的义务法律或行政法规另有规定的得以免除。所谓法律、行政法规另有规定的情形如下:

(1)《中华人民共和国民事诉讼法》第221条规定,被执行人未按执行通知履行法律文书确定的义务,人民法院有权向银行、信用合作社和其他有储蓄业务的单位查询被执行人的存款情况,有权冻结、扣划被执行人的存款,但查询、冻结、划拨存款不得超出被执行人应当履行义务的范围。人民法院决定冻结、划拨存款,应当作出裁定,并发出协助通知书,银行、信用合作社和其他有储蓄业务的单位必须办理。第65条第1项又规定,人民法院有权向有关机关和个人调查取证,有关单位和个人不得拒绝。所谓调查取证,包括查询存款在内。

(2)《中华人民共和国刑事诉讼法》第48条规定,人民法院、人民检察院和公安机关有权向有关机关和个人收集,调取证据。有关机关和个人应当如实提供证据。

(3)《中华人民共和国行政诉讼法》第65条第2项规定,公民、法人或者其他组织拒绝履行判决、裁定的,行政机关可以向第一审人民法院申请强制执行。强制执行的手段包括查询、冻结、划拨等。该条第3项第1款又规定,行政机关拒绝履行判决裁定的,第一审法院可以通知银行从行政机关的账户内划拨。

(4)人大常委会通过的《关于国家安全机关行使公安机关的侦查、拘留、预审和执行逮捕职权的决定》赋予国家安全部门查询、冻结和划拨个人储蓄账户的权利。

(5)《税收征收管理条例》第54条第6款规定税务机关可以查询个人储蓄账户。

(6)《中华人民共和国海关法》第37条规定,海关机关可以查询、冻结、扣划个人储蓄账户。

上述规定都涉及政府机关向银行查询其客户的存款。关于此点,其他国家或地区多设有较严格的要求,以保障存款人或其他银行客户的隐私。以美国1978年公布的《财务隐私权法》为例,该法原则上禁止联邦机关自银行取得其保存的客户资料,除非资料本身业经合理陈述,且行政机关系基于执行合法调查而做索取,并且依据下列五种文书为之:①客户的书面授权。授权书须注明目的、日期、提供的资料和被提供的机关。②行政传票。传票必须由法律授权,且索取的资料须攸关于执行合法调查。③搜索状。搜索状须基于被告有犯罪的合理可能,且由联邦或州的法官签名,并且有效期间只有10天。④法院传票。其前提和行政传票相当。⑤正式书面请求。此一文书是给予无权发出行政传票的机构取得财务资料的工具,依此一文书索取,银行不一定要负提供资料的义务。

就一般银行保密的义务,尚有以下免除的事由:

(1)客户事前承诺被认为是一种免除事由。承诺的方式可能是明示的,也可能是默示的。按客户向银行承诺其资料可以被揭露,则银行提供、揭露客户的资料并不会侵害银行与客户之间的信赖关系,因此客户的承诺应可使银行保密的义务免除。然银行基于客户的承诺而揭露客户的消息时仍应注意:①所揭露的对象是否为客户所允许的第三者;②所揭露的事项是否有逾越客户所承诺的范围。关于第②点应就客观情形加以判断,例如客户所承诺的事项为其信用状况,银行若将家庭纠纷一并告知,则在客观上逾越了客户所承诺的范围。

(2) 银行征信资料的交换应认为亦是银行保密的免除事由。一般认为是国际上普遍的习惯(系国际惯例),法律虽无规定,仍是一种合法的行为。征信资料的交换,是银行之间一种互惠的制度,因为银行客户资料的交换有利于各银行业务的开展,进一步保护整个银行业的利益。银行就征信的要求所提供的内容系客户信用状况等一般性的描述,而非存款余额、授信的详情等。银行在用词上必须十分谨慎,避免过于具体,而违反了保密的义务,譬如银行常使用"该客户的信誉是良好的"等字词。

(3) 银行为了自己的利益而公开客户的秘密亦可能免责。以英国著名的森得兰诉巴克利银行的案子为例,原告森得兰夫人在巴克利银行开有支票存款账户。有一次她的一张支票金额不足不能兑现,并且由于森得兰夫人所开支票的对象是一家赌场的老板,按巴克利银行的规定是不能给她透支的。森得兰夫人得知支票不能兑现,告诉其丈夫,丈夫建议打电话提出抗议。在森得兰夫人打电话过程中,其丈夫将电话接过去,从而得知了夫人赌博的情况。为此森得兰夫人控告银行违反保密的义务,英国法院判森得兰夫人败诉,理由是银行的做法是为了保护自身的利益,且森得兰夫人允许其丈夫代替她打电话,显示她默示同意银行将情况告诉她丈夫。

四、法律责任

《商业银行法》第73条第4款规定:"商业银行有下列情形之一,对存款人或者其他客户造成财产损害的,应当承担支付迟延履行的利息及其他民事责任:……(四)违反本法规定对存款人或者其他客户造成损害的其他行为。"所谓其他行为应包括违反保密义务的行为。客户因银行泄露其秘密而造成其损失的,依据此款对银行有民事赔偿的请求权。此种请求权系侵权行为的损害赔偿请求权。损害有积极和消极,前者如客户身体受到危害,后者如客户因某种营运计划的泄露而受到妨碍,结果计划不能实现,也不能得到预期利益。

就契约的观点来看,如采用前述"附随义务"的观点,则银行违反保密的"附随义务",亦构成契约的违反,须负违约责任,受损失的客户可依《中华人民共和国民法通则》第121条请求赔偿。即使在契约关系终了后,银行仍应履行保密的"附随义务",保密义务仍可超越给付义务履行的时点而继续存在,此种"后契约义务"仍基于诚信原则。违反此一义务,债务人应负责任。至于契约成立前,银行也应负保密的义务。民法理论认为,在契约开始磋商后,银行与客户之间便已建立了信赖关系,如果银行违反保密义务而造成客户的损失,应赔偿因此项信赖所产生之损害。

《商业银行法》第87条规定,商业银行工作人员泄露在任职期间知悉的国家秘密、商业秘密的,应当给予纪律处分;构成犯罪的,依法追究刑事责任。各大银行内部的规则(如业务手册)可能会有保密的规定,银行职员违反法律上的义务或是内部规则,将会受到银行内部的纪律处分。

《刑法》第 219 条第 1 项第 3 款需加以注意,法院若认为违反保密义务的事项构成此款犯罪,则行为人须负 3 年以下的刑责或罚金,严重的话可判处 7 年徒刑。

第三节　个人金融信息保护

近年来,因个人金融信息被泄露,而导致的侵权、侵财等违法行为和犯罪案件频发,严重侵害了个人的隐私权,直接给客户造成了重大财产损失。同时,也损害了金融机构的声誉,阻碍了金融业的发展,给地区金融稳定和金融环境带来了负面影响。

一、个人金融信息泄露的形式

大数据技术依托云计算技术,对海量金融数据进行挖掘,结合传统金融服务,实时分析客户消费数据,准确预测客户消费行为,高效开展资金融通,提供创新金融服务,提升了金融信息的价值。大数据技术对数据泄露后果具有杠杆放大效应。除传统的个人金融信息泄露形式外,大数据时代的数据泄露还有以下几种形式。

(一)互联网企业收集泄露个人金融信息

电子商务带来了方便的购物体验,手机银行提供了快捷的金融服务。要享受网上便利服务,用户注册必须提供姓名、电话号码、身份证、银行账号等重要信息。互联网企业可能使用云计算、大数据等技术来存储利用这些数据。虽然网站声明会合法使用这些信息,但用户无法监督数据的具体使用情况,因而还是存在滥用的风险。

(二)不法分子攻击盗取

大数据时代,数据挖掘、机器学习等技术,对金融数据价值信息的提取能力增强。利益的驱使,使金融信息更容易成为被窃取的目标。黑客利用病毒、木马等技术手段,非法获取系统的权限,窃取数据。

(三)大数据技术二次挖掘开发

大数据技术二次开发是指企业或个人使用收集或者掌握的信息,利用大数据技术,从中分析提取用户未透露的信息,或者将分散的零散信息整理,得到用户完整的信息。大数据技术可以依靠一个微博账号,通过搜索分析用户在不同网站上发布的零散信息,归纳提取到完整的个人数据。

二、个人金融信息泄露的原因分析

(一)内部保护机制不完善

首先,缺乏自上而下、集中统一的个人金融信息保护工作的规章制度。目前,我国银行机构关于个人金融信息保护的有关规定散见于各类业务条线的管理办法或操作规程中,具体针对个人金融信息保护的要求多数较为笼统,指导性或禁止性的居多,操作性不强,无法保证个人金融信息收集、使用及管理等工作严格做到有法可依,有章可循。其次,没有真正形成相互衔接、相互制约的个人金融信息的内控体系。银行机构在收集、使用和管理客户信息的过程中涉及主体多、流程长、环节复杂,内控管理侧重于各业务条线的纵向规范,部门之间的横向制约力度不够。虽然各银行机构都有信息保护工作牵头部门,但其横向监督管理的职能得不到有效发挥。

(二)未形成统一的监管体系

目前,我国对个人金融信息还没有统一的监管部门。人民银行和银保监会对此虽都有监管职能,但都没有专管部门,监管力量分散,整个监管还处于起步阶段。我国现有的金融监管规范对个人金融信息保护只存在一些间接的或隐性的法规可供参照,如人民银行的征信、支付结算、反洗钱、信息科技等业务法规中,均有关于个人金融信息保护或信息安全保密方面的规定,但未涵盖信息的收集、使用、保管等各个环节。由于没有明确统一的个人金融信息监管规章制度及监管体系,在一定程度上弱化了监管力度,增加了监管成本,增大了贯彻落实的难度。

(三)欠缺核心立法与规章

我国个人金融信息保护的相关条文零散、笼统地分散在《中华人民共和国民法通则》《中华人民共和国刑法》《中华人民共和国商业银行法》《中华人民共和国证券法》《中华人民共和国保险法》《中华人民共和国反洗钱法》《征信业管理条例》《个人信用信息基础数据库管理暂行办法》等法律法规和规章制度中,且覆盖面窄、针对性差,具体的可操作性不强。由于缺乏基本法层面的保护,公民个人对金融隐私权利的享有和保护得不到有效的保障。同时,现有法律民事赔偿不足,惩戒面较小,威慑力不强。人民银行制定的《关于银行业金融机构做好个人金融信息保护工作的通知》《关于金融机构进一步做好客户个人金融信息保护工作的通知》都因缺乏严格意义上的法律效力,而使执行效力相对较弱。

(四)自我保密的意识不强

信息主体人对自身金融信息的保护意识不强、没有形成良好的保护习惯,有的信息主体人对个人金融信息不重视、也不主动去了解保护措施,甚至轻信不法分子的谎言而主动透露个人的金融信息。公众普遍认为个人金融信息安全的权利属于个人隐私权,而不是一项公民享有的基本权利。当个人信息被泄露给第三方、出售给不法分子等时,只要没有造成财产损失,多数人常常迁就忍耐,自认倒霉。即使采取投诉、诉讼等维权手段,往往因侵害个人信息行为疑似环节多、追溯难、举证难、耗时久、成本高等原因,最终不得不主动放弃维权。

三、个人金融信息保护对策建议

(一)加快个人金融信息保护的法制建设

整合对个人金融信息在收集、加工、使用、传输、保管等各环节的相关要求和规章。由人民银行牵头有关职能部门,联合出台保护个人金融信息的系统性规章制度。鉴于个人金融信息相对其他个人信息的特殊性,需要配套推出专门针对金融领域个人信息保护的相关法律法规,并在适当时机报国家层面出台个人信息保护法,从而确保个人金融信息保护工作的措施和规章得到贯彻落实。

（二）提高对个人金融信息的有效监管

个人金融信息保护主管部门要强化监管职能，制定统一的监管规程和工作指引，明确对金融机构进行个人金融信息的监管标准。监管机构要不断加大对第三方服务机构的管理力度，统一操作规程，明确各业务条线在保护个人金融信息方面的具体责任，并采取多种灵活的方式对商业银行机构在个人金融信息保护工作方面进行经常性的指导和提示。

（三）加强计算机及网络信息的安全防范

个人金融信息保护主管部门要加大信息安全技术防护的力度，对系统可能遇到的各种技术风险要及时进行评估检测，综合运用先进的防火墙、系统漏洞扫描、入侵检测设备、域控文件服务器、第三方认证以及网络安全监控等新的安保技术，有效防范系统遭受非法侵入、信息篡改流失、网银信息被盗等风险。

（四）加大对个人金融信息保护的宣传

商业银行要强化预防管理，结合不同业务条线特点，对员工有的放矢地开展对客户金融信息保护业务的培训和教育，提高全员的保护意识。商业银行要加强对公众普及金融信息保密常识，发挥网点阵地优势，根据不同类型的金融业务，有针对性地对客户开展个人信息保护宣传。监管部门要充分利用现代媒介，加大对相关信息的披露和银行间信息共享，对一些失泄个人金融信息的典型案例要进行及时通报，以起到警示、借鉴的作用。

（五）提高信息主体人的自我保护意识

商业银行机构要建立相关风险提示的长效机制，切实履行告知义务，多形式、多渠道提醒客户加强风险防范，帮助客户掌握个人信息保护的常识，提高对自己金融信息保护的自觉性，使之养成良好的金融消费和享受金融服务的习惯，防止个人金融信息被不法分子所利用。

针对商业银行等金融机构在开展零售、运营、授信等业务中积累的个人金融信息数量庞大，范围广泛。商业银行通过接入央行征信系统、支付系统以及其他系统获取、加工和保存公众的信息量也日益增多。对此，政府和商业银行机构应加快个人金融信息保护的法制建设；提高对个人金融信息的有效监管；加强计算机及网络信息的安全防范；加大对个人金融信息保护的宣传；提高信息主体人的自我保护意识。

 延伸阅读 8-1

金融保密工作的故事

土地革命战争时期，党在赣南等原中央苏区开创了以中华苏维埃共和国国家银行为主体的红色金融事业，其发展历史就是一部保密斗争史。处在战争包围和严密封锁的背景下，金融保密工作稍有不慎，便可能对金融事业乃至革命政权造成不可估量的损失。1931年11月，中华苏维埃共和国临时中央政府在瑞金成立后，设立了国家政治保卫局，包括金融保密在内的所有保密工作都是在国家政治保卫局的总体框架下开展实施的，红色金融战线上的革命先驱们，在没有专业保密机构、没有专职保密人员、没有专门政策制度等艰难条件下,开创性地组织开展了各项金融保密业务和活动,形成了以国家政治保卫局为框架、国家银行为主体、具有战时特征的红色金融保密体系。

抚今追昔,中央苏区时期的金融保密工作,虽然年代久远,但在史料碎片和印记中仍有迹可寻。

当时,中央苏区没有专业的金融保密机构,但国家银行、中央造币厂、中央印钞厂乃至长征时国家银行所编入的中央直属纵队第十五大队等,这些机构或场所共同承担了一定的金融保密职责,构成了保密机构体系。比如,国家政治保卫局在中央印钞厂设立了保卫处,24小时有保卫人员值班,工人上下班凭胸卡进出厂门,必要时须接受保卫人员的检查,闲杂人等不能靠近印钞厂,厂规厂纪极严。

中央苏区没有固定的专职金融保密人员,但在战时迫切的保密需求下,反而几乎全员参与保密工作。为尽可能地缩小秘密的知悉范围,创造性地由各领导同志的夫人兼任自己丈夫的机要秘书。特别重要的是,当时苏区广大军民普遍有一种保密的自我意识,这种意识也是苏区政权赖以生存和发展的重要基础。

为了加强保密工作,中央苏区制定实施了一系列与保密相关的政策制度。1932年1月颁布的《中华苏维埃共和国国家政治保卫局组织纲要》,对保密工作组织管理、组织原则、工作职能等作了明确规定。1934年4月发布的《中华苏维埃共和国惩治反革命条例》,对以反革命为目的的窃密者,最高处死刑,泄密者处1~5年的监禁。1934年8月发布的《中央关于秘密工作基本原则》提出"为保持秘密而斗争"。其中,为打击制造苏区假币,各地苏区政府曾以密令形式作出规定,如寻乌县苏区政府1933年下达《关于严密检查假造苏维埃毫子的反革命活动》的"一号密令",要求严查假造苏维埃毫子的反革命行动。

在红色金融战线上,革命先驱们还积极组织开展了大量的金融保密业务和活动。比如,在纸币的票面设计上,采取在钞票下方印上一行看似英文字母的文字,其中设计几处不规范写法甚至是错误写法,不细看很难看出其中的奥秘。这种看似简单又违背常理的做法,成了国家银行货币的第一个防伪标识。国家银行建立的秘密金库,从选址到建立,从运进金银到启出金银长征,只有极少高层知道,所有保卫人员定期轮换而且都不知道秘密金库之事。国家银行金库保管人员在记账时,为了不失密,用黄酒代表黄金、白酒代表白银等方法进行记账。

可以说,中央苏区时期广大军民坚守的保密精神,是红色金融事业得以生存和发展的重要法宝。即使在长征出发后,这一精神仍在延续和传承。在国家银行编入中央直属纵队第十五大队后,秘密保管着金条、珠宝等跟随部队长征,全体人员坚守保密职责,恪守机密,甚至用生命来捍卫。在长征途中,14名国家银行工作人员牺牲了6位,但将国家银行负责秘密保管的"家底"完整地带到了延安,确保了在整个长征路上没有丢失一两金银。在红军长征后,留守的兴国县苏主席正好从银行领取了大笔资金,由于部队和政府工作人员都已转移或分散,为了隐蔽,他扮成乞丐,直到1949年兴国县二度解放,他才把这笔资金分文不少地交给了组织。

中央苏区时期的金融保密工作成效是非常显著的,为维护苏区经济金融稳定、支援革命战争、保障红色政权作出了重要贡献。在这些碎片化的红色记忆中,其所蕴含的保密思想、理念和精神已经深深烙化为红色基因,即使在金融保密工作的环境、技术及手段等已发生巨大变化的今天,仍是一笔宝贵的历史财富,对当今金融保密事业仍极具借鉴和现实意义,值得当代金融保密工作者传承和发扬。

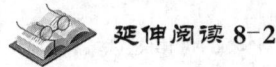 **延伸阅读 8-2**

人民银行关于银行业金融机构
做好个人金融信息保护工作的通知

银发〔2011〕17 号

人民银行上海总部,各分行、营业管理部,各省会(首府)城市中心支行,国有商业银行,股份制商业银行,中国邮政储蓄银行:

个人金融信息是金融机构日常业务工作中积累的一项重要基础数据,也是金融机构客户个人隐私的重要内容。如何收集、使用、对外提供个人金融信息,既涉及银行业金融机构业务的正常开展,也涉及客户信息、个人隐私的保护。如果出现与个人金融信息有关的不当行为,不但会直接侵害客户的合法权益,也会增加银行业金融机构的诉讼风险,加大运营成本。近年来,个人金融信息侵权行为时有发生,并引起社会的广泛关注。因此,强化个人金融信息保护和银行业金融机构法制意识,依法收集、使用和对外提供个人金融信息,十分必要。对个人金融信息的保护是银行业金融机构的一项法定义务。为了规范银行业金融机构收集、使用和对外提供个人金融信息行为,保护金融消费者的合法权益,维护金融稳定,根据《中华人民共和国中国人民银行法》《中华人民共和国商业银行法》《中华人民共和国反洗钱法》《个人存款账户实名制规定》等法律法规的规定,现就个人金融信息保护的有关事项通知如下:

一、本通知所称个人金融信息是指银行业金融机构在开展业务时,或通过接入中国人民银行征信系统、支付系统以及其他系统获取、加工和保存的以下个人信息:

(一)个人身份信息,包括个人姓名、性别、国籍、民族、身份证件种类号码及有效期限、职业、联系方式、婚姻状况、家庭状况、住所或工作单位地址及照片等。

(二)个人财产信息,包括个人收入状况、拥有的不动产状况、拥有的车辆状况、纳税额、公积金缴存金额等。

(三)个人账户信息,包括账号、账户开立时间、开户行、账户余额、账户交易情况等。

(四)个人信用信息,包括信用卡还款情况、贷款偿还情况以及个人在经济活动中形成的,能够反映其信用状况的其他信息。

(五)个人金融交易信息,包括银行业金融机构在支付结算、理财、保险箱等中间业务过程中获取、保存、留存的个人信息和客户在通过银行业金融机构与保险公司、证券公司、基金公司、期货公司等第三方机构发生业务关系时产生的个人信息等。

(六)衍生信息,包括个人消费习惯、投资意愿等对原始信息进行处理、分析所形成的反映特定个人某些情况的信息。

(七)在与个人建立业务关系过程中获取、保存的其他个人信息。

二、银行业金融机构在收集、保存、使用、对外提供个人金融信息时,应当严格遵守法律规定,采取有效措施加强对个人金融信息保护,确保信息安全,防止信息泄露和滥用。特别是在收集个人金融信息时,应当遵循合法、合理原则,不得收集与业务无关的信息或采取不正当方式收集信息。

三、银行业金融机构应当建立健全内部控制制度,对易发生个人金融信息泄露的环节进行充分排查,明确规定各部门、岗位和人员的管理责任,加强个人金融信息管理的权限设置,形成相互监督、相互制约的管理机制,切实防止信息泄露或滥用事件的发生。

银行业金融机构要完善信息安全技术防范措施,确保个人金融信息在收集、传输、加工、保存、使用等环节中不被泄露。

银行业金融机构要加强对从业人员的培训,强化从业人员个人金融信息安全意识,防止从业人员非法使用、泄露、出售个人金融信息。接触个人金融信息岗位的从业人员在上岗前,应当书面作出保密承诺。

四、银行业金融机构不得篡改、违法使用个人金融信息。使用个人金融信息时,应当符合收集该信息的目的,并不得进行以下行为:

(一)出售个人金融信息。

(二)向本金融机构以外的其他机构和个人提供个人金融信息,但为个人办理相关业务所必需的并经个人书面授权或同意的,以及法律法规和中国人民银行另有规定的除外。

(三)在个人提出反对的情况下,将个人金融信息用于产生该信息以外的本金融机构其他营销活动。

银行业金融机构通过格式条款取得客户书面授权或同意的,应当在协议中明确该授权或同意所适用的向他人提供个人金融信息的范围和具体情形。同时,还应当在协议的醒目位置使用通俗易懂的语言明确提示该授权或同意的可能后果,并在客户签署协议时提醒其注意上述提示。

五、银行业金融机构不得将客户授权或同意其将个人信息用于营销、对外提供等作为与客户建立业务关系的先决条件,但该业务关系的性质决定需要预先作出相关授权或同意的除外。

六、在中国境内收集的个人金融信息的储存、处理和分析应当在中国境内进行。除法律法规及中国人民银行另有规定外,银行业金融机构不得向境外提供境内个人金融信息。

七、银行业金融机构通过外包开展业务的,应当充分审查、评估外包服务供应商保护个人金融信息的能力,并将其作为选择外包服务供应商的重要指标。

银行业金融机构与外包服务供应商签订服务协议时,应当明确其保护个人金融信息的职责和保密义务,并采取必要措施保证外包服务供应商履行上述职责和义务,确保个人金融信息安全。银行业金融机构应要求外包服务供应商在外包业务终止后,及时销毁因外包业务而获得的个人金融信息。

八、银行业金融机构通过接入中国人民银行征信系统、支付系统以及其他系统获取的个人金融信息,应当严格按照系统规定的用途使用,不得违反规定查询和滥用。

九、银行业金融机构发生个人金融信息泄露事件的,或银行业金融机构的上级机构发现下级机构有违反规定对外提供个人金融信息及其他违反本通知行为的,应当在事件发生之日或发现下级机构违规行为之日起7个工作日内将相关情况及初步处理意见报告中国人民银行当地分支机构。

中国人民银行分支机构在收到银行业金融机构报告后,应视情况予以处理,并及时向中国人民银行报告。

十、中国人民银行及其地市中心支行以上分支机构受理投诉或发现银行业金融机构可能未履行个人金融信息保护义务的,可依法进行核实,认定银行业金融机构存在违反本通知规定,或存在其他未履行个人金融信息保护义务情形的,可采取以下处理措施:

(一)约见其高管人员谈话,要求说明情况。

(二)责令银行业金融机构限期整改。

(三)在金融系统内予以通报。

(四)建议银行业金融机构对直接负责的高级管理人员和其他直接责任人员依法给予处分。

(五)涉嫌犯罪的,依法移交司法机关处理。

十一、银行业金融机构违反规定通过中国人民银行征信系统、支付系统以及其他系统查询或滥用个人金融信息的,中国人民银行及其地市中心支行以上分支机构可按照本通知第十条及其他相关规定予以处理。

银行业金融机构违法情节严重或拒不改正的,中国人民银行可决定暂停其使用,或禁止其新设分支机构接入上述系统。

十二、银行业金融机构及其工作人员违反规定使用和对外提供个人金融信息,给客户造成损害的,应当依法承担相应的法律责任。

本通知自2011年5月1日起执行。请中国人民银行上海总部,各分行、营业管理部、省会(首府)城市中心支行将本通知转发至辖区内各银行业金融机构。本通知执行过程中发现的新情况、新问题,请及时向中国人民银行报告。

人民银行

二〇一一年一月二十一日

▪ 巩固训练与提高 ▪

案例分析

案 例 一

2016年1月29日,保监会发函通报信诚人寿存在内控缺陷,要求进行整改。原保监会指出,信诚人寿在客户信息真实性管理、银邮渠道业务管理、团险业务管理、公司治理、财务基础管理等方面存在问题及内控缺陷。除了公司内控问题外,信诚人寿此前还被曝出存在严重信息安全漏洞。据《经济参考报》报道,有相关信息安全平台提交了信诚人寿保险漏洞信息,按照监测报告显示,信诚人寿保险公司面临泄露数以万计的客户银行卡号、密码、开户行地址、身份证等敏感信息的风险。

请问:

(1) 本案例中,信息泄露的原因有哪些?

(2) 防止信息泄露的措施有哪些?

案 例 二

银监会工作人员李某,基于自己的特殊身份,经常出入本市的商业银行经营场所,并不时要求银行管理人员出示银行的经营账册和财务报表,并随意查询客户的存贷款记录。商业银行工作人员虽有怨言,但考虑到李某为监管人员,有现场检查权,因此没有表示异议。后由于李某散布所掌握他人的存贷款信息,引起客户不满。

请问:

(1) 李某的行为是否为现场检查?为什么?

(2) 李某的行为属于什么行为?该如何处理?

第九章 金融安全

学习 目标

(1) 认识金融安全的内涵。

(2) 认知金融安全的重要性。

(3) 认知金融安全的维度。

(4) 了解金融安全的维护方法。

能力 目标

(1) 阐释金融安全概述。

(2) 掌握金融安全信息的方法。

(3) 能够掌握金融安全维度信息。

(4) 学会金融安全维护。

案例 导入

案例 9-1 微信群集资后资金链断裂 造成 3 400 万元损失

2014 年 1～7 月，被告人冯某理利用所加入的手机微信群"珠江汇"，以支付高额利息为名，先后向被害人尚某、张某等多人多次循环借款，并支付每月 3 分的利息。后以更高额利息出借给何某、程某夫妇等人，其中出借给何某、程某夫妇的款项高达 1 亿元。2014 年 7 月开始，何某、程某夫妇由于经营不善未能及时还本付息，导致冯某理资金链断裂继而不能偿还集资的款项约 3 600 万元。后冯某理到公安机关自首。广州番禺区法院生效判决认为，冯某理非法吸收公众存款，扰乱金融秩序，数额巨大，其行为已构成非法吸收公众存款罪。冯某理在半年时间内非法吸收存款多达 3.5 亿元，并造成几十名被害人损失 3 400 万元，社会影响较大，虽有自首情节不足以对其减轻处罚。故判处冯某理有期徒刑 8 年 9 个月，并处罚金 42 万元。打击惩治非法集资行为是防范金融风险的重点。广东高院认为，该案被告人利用手机微信进行非法集资，涉案人员超过 40 人，涉案金额逾 3.5 亿元，严重扰乱了金融管理秩序和损害了受害群众的经济利益，法院依法判处被告人有期徒刑，有力震慑了潜在犯罪，有利于防范化解金融风险。

讨论：

1. 金融安全与我们的生活有怎样的关系？
2. 我们应如何有效防范金融风险？

案例9-2 1号罚单

"强监管"并不是2017年度专有的名词，而在2018年新年伊始就展示了雷霆之威。在各地银行监管部门开具的2018年"1号罚单"中，多张罚单剑指银行分支机构"自导自演"式违规。从监管部门2018年首批出炉的罚单所聚焦的违规行为来看，部分网点的"自导自演"触发了强监管。崇左银行监管部门开出的"1号罚单"显示，某农商行因"员工违规自办业务"，被罚款20万元。此外，黑龙江银行监管部门的罚单也指向了私售。该罚单显示，某国有大行黑龙江省分行对所辖分支机构越权私售对公理财产品和违规修改合同文本销售对公理财产品监督管理不力，该分行被罚款50万元；相关营业部则被罚款680万元。此外，该国有大行大兴安岭分行、鹤岗分行、七台河分行、双鸭山分行、鸡西分行、绥化分行、大庆分行、齐齐哈尔分行等也被处以金额不等的罚款，另有部分分行员工因负领导责任，也收到了罚单。

2017年延时披露的罚单也曝光多起涉房贷款违规，鉴于罚单披露必然的"滞后性"，监管部门的延时披露或许还将持续一段时间。对于银行来说，涉房贷款毫无疑问是信贷业务的重中之重，部分上市银行的涉房贷款合计占比已经超过30%。然而，由于在执行中的动作变形，部分银行的分支机构因"涉房"以及"涉土地"的信贷审批中出现了违规行为。某股份制银行南宁分行因"违规为房地产开发企业缴交土地出让金提供理财融资"被罚款人民币40万元。南通银监分局行政处罚信息也显示，某村镇银行发放个人消费贷款用于购房。此外，还有银行因在固定资产贷款发放过程中的违规吃到罚单。虽然相关罚单并未明确指向楼市。但是，所谓固定资产贷款是银行为解决企业固定资产投资活动的资金需求而发放的贷款，主要用于固定资产项目的建设、购置、改造及其相应配套设施建设的中长期本外币贷款，其与楼市的相关性不言而喻。监管部门的披露显示，广西某农商行因向项目资本金未到位的企业发放固定资产贷款、贷款被挪用，被罚款人民币30万元。除了涉房贷款违规，还有部分银行因乱收费被罚。监管部门的罚单显示，某国有大行兴业县支行违规收取账户服务费，另一家国有大行南通分行违规向客户转嫁融资成本。

讨论：

1. 这个案例说明什么金融问题？
2. 金融安全问题应如何整治？

2017年4月25日，中共中央政治局就维护国家金融安全进行第四十次集体学习。中共中央总书记习近平在主持学习时强调，金融安全是国家安全的重要组成部分，是经济平稳健康发展的重要基础。维护金融安全，是关系我国经济社会发展全局的一件带有战略性、根本性的大事。金融活，经济活；金融稳，经济稳。必须充分认识金融在经济发展和社会生活中的重要地位和作用，切实把维护金融安全作为治国理政的一件大事，扎扎实实地把金融工作做好。"金融安全是国家安全的重要组成部分。"金融安全是国家安全的实现前提。2013年,习近平总书记首次提出"总体国家安全观"的概念,并提出了集政治安全、国土安全、军事安全、经济安全、文化安全、社会安全、科技安全、信息安全、生态安全、资源安全、核安全等为一体的国家安全体系。鉴于金融成为资源配置和宏观调控的重要工具,成为推动经济社会发展的重要力量,金融安全可以通过引领国家战略、促进体制改革、发展实体经济,为其他安全领域的运行提供有力的支持。

金融安全是随着国家经济安全含义的不断延伸、国际国内经济形势发展到一个特定的历史阶段而作为一个重要问题提出的。20世纪80年代以来,国际资本流动日益自由,机构投资者的金融实力不断扩张,金融投机风潮不断发生,一个个国家接连爆发金融危机。如拉美债务危机(20世纪80年代初),英国英镑、意大利里拉危机(1992—1993年),墨西哥的比索危机(1994—1995年),巴林银行的倒闭(1995年),俄罗斯金融危机(1998年),巴西金融动荡(1999年),东南亚金融危机(1997年),阿根廷危机(2001年),以及美国次贷危机(2008年)。众多国家发生过严重的金融风险和危机,而且一国金融危机的发生通过国家间的传递,常常蔓延成一场全球性的金融危机。有些国家为解决金融问题所直接耗费的资金高达数千亿美元,有些国家则在经济、政治上付出了更加惨重的代价。在这样一种国际经济和政治环境下,很多国家开始纷纷关注金融安全。特别是在美国次贷危机爆发之后,世界上几乎所有国家都开始把金融安全这一问题作为当前乃至今后一段时期的研究重点。至此,学术界展开了对金融安全问题的广泛探讨和深入研究。

第一节　金融安全概述

党的十八大以来,我国金融业保持快速发展,社会融资规模存量从 2011 年的 76.7 万亿元增加到 2017 年 8 月的 169.41 万亿元,金融业法人机构数量也从 5.6 万家增加到 11 万家,金融产品日益丰富,金融服务普惠性日益增强,宏观审慎政策框架正在形成,金融守住系统性风险底线的能力不断增强,金融改革发展取得了新的重大成就。与此同时,我国经济运行中一些深层次矛盾和问题、国际政治经济引发的金融市场变化,都会对我国金融安全产生巨大影响。加之我国金融业正处于不断深化改革的过程中,适应中国特色社会主义的金融企业文化、公司治理、内控体系和风险管理能力仍在探索和完善中,影响金融安全的风险仍然点多面广。金融服务天生具有服务链条长、波及面广、信息不对称的特点,这决定了金融风险具有较强的隐蔽性、复杂性、突发性、传染性,一旦爆发,负外部效应显著,危害性强,不仅严重破坏金融秩序,影响经济发展和社会稳定,而且会严重损害人民群众的利益。

一、金融安全的概念

就目前掌握的资料显示,国外学者仍未对金融安全的概念进行界定。这一方面说明将金融安全的概念具体和明确界定较为困难,另一方面说明金融安全是经济安全的核心内容。它与经济安全有着广泛而密切的联系并由经济安全所决定。国际上大多数国家将金融安全放在国家安全战略系统中来探讨。我国学者对金融安全的研究和探讨是在 1997 年亚洲金融危机之后。应当说相关的研究才刚刚开始。有学者从金融功能的正常履行角度,将金融安全概念分成微观、中观和宏观三个层次。从微观层面来说,即从金融企业个体出发,金融安全是大多数金融中介机构正常履行客户委托的资金划转和不同货币形式、不同货币种类的变换,利用规模经济和专业技术人员的复杂劳动为客户的金融交易提供尽可能是完整的、有经济价值的信息,以降低相关客户的交易成本。在客户有流动性需求的时候提供相应的不同资产形式的转换,必要时以恰当的方式提供信用。如开放式投资基金,其客户资金可以通过投资基金不同的营业地点进行资金的转移;通过专家理财为基金股份持有人进行投资,降低客户因为信息不对称而导致的过高的搜寻成本,降低客户因知识缺乏而签订不完全合约的可能性,降低客户因持有的股份数量小或自身知识不足而造成过高的履约成本,从而从总体上降低交易成本;通过基金股份持有人的股份赎回而把股份形式的资产变成现金。从中观层面来说,即从金融行业的角度出发,金融安全是金融中介机构交易服务、经纪和证券转换三大功能的正常运转,包括资金流的渠道畅通、市场不完备性的弥补、流动性的提供。从宏观层面来看,引入政府的作用,若某一经济体能独立自主地制定执行货币金融政策,国内金融体系能保持稳定健康,经济保证正常运转,金融体系国际影响力在稳定的前提下不断提高,世界大多数国家对该国的金融实力预期良好、愿意接受该国金融企业的信用,那么可以认为该经济体是安全的。

编者认为,金融安全是一个系统的、动态的、宏观的概念。概括地说,金融安全就是指一国金融发展与实际经济结构相互协调,金融机构和金融市场在金融监管部门的监管和政府的调控下具备正常运转的能力,以及在开放条件下对来自内外部的威胁、冲击加以有效防范、化解和自我修复的能力,从而保持金融体系健康发展、确保金融主权不受侵害的一种状态。对这一概念的理解包括几个方面:首先,金融发展与实际经济结构相互协调是指金融发展要以实体经济为基础,在经济发展中寻求金融安全,在金融安全中促进经济发展,防止任何形式由于两者的脱离带来的不良后果。其次,关于金融机构和金融市场具备正常运转的能力,一方面是指金融机构自身通过改善治理结构、完善内控制度等措施,具备应付正常时期的运营和波动的能力;另一方面是指金融机构和金融市场在国家监管部门的监督和引导下实现的稳健运转状态。最后,金融安全是一个持续的动态概念,既包括对日常安全的维护,也包括对金融不安全的治理。除对金融体系日常波动的控制,金融安全作为一个宏观概念还应包含一国金融体系可能发生的系统性风险,尤其是在金融全球化下遭受外部冲击甚至发生危机的可能,以及面对危机国家采取有效措施对危机加以治理、保持民众信心的能力。需要注意的是,金融安全并不要求金融体系的每一部分都一直保持在最佳状态,个别金融机构的经营困难甚至倒闭,只要不引发系统性风险就不能等同于金融不安全,就可看作金融市场竞争法则的正常履行。

综上所述,编者认为,金融安全可以从狭义和广义的范畴来进行定义。狭义的金融安全是指金融体系能够健康、规范运行,对一国经济运行提供充足的金融支持,无爆发金融危机的可能。广义的金融安全是指金融体系既无爆发金融危机的可能,也不存在导致金融市场异常波动的潜在因素。

二、金融安全的相关概念

(一)金融安全与金融主权

主权是国家的最重要属性,是国家在国际法上所固有的独立处理对内对外事务的权力。主权作为国家的固有权利,表现为三个方面:对内的最高权、对外的独立权和防止侵略的自卫权。经济主权是国家主权在经济权利上的具体体现,其主要内容应该有:一国能够保证本国人民自主选择经济制度而不受外国干涉;一国能够独立自主地决定本国的经济发展方针和政策而不受外国操纵;一国能够有效地掌握自己的重要资源和战略产业而不受外国控制;一国能够平等参与国际经济秩序的制定而不受外国排斥;一国能够自由地利用国际市场和通道而不受外国封锁。显然,一个国家在经济主权受到侵害甚至失去控制的情况下发展经济,是毫无安全可言的。对于金融安全与金融主权概念的理解要结合金融全球化的大背景,金融全球化和自由化在促进金融资源在全球范围内有效配置的同时,也暴露出其自发性、盲目性的弱点。在新兴市场经济国家发生的金融危机充分证明,在国内金融体系不够成熟和金融监管制度不够完善的情况下,开放金融市场会导致该国金融主权一定程度的丧失,进而威胁到这些国家的金融安全甚至国家安全。当然,在国内金融体系不断融入国际金融市场、国家间相互影响逐步加深的进程中,一国金融主权越来越受到来自国内和国际因素的双重制约,主权概念冲突由此产生。如一国若对本国所拥有的全部生产要素(包括流动在境外的生产要素)行使主权,势必将在主权的行使过程中扩及他国领域,"侵犯"他国主权。有鉴于此,为避免主权的国际冲突,提高主权对金融安全的积极作用,需要冲突双方相互订立条约,从而互不侵犯。可见,金融主权和金融安全不可分割,金融主权为金融安全服务,但绝对的金融主权又不利于金融安全;金融安全的获得需要适当金融主权的支撑,完全丧失金融主权也不会有金融安全。因此要正确运用金融主权,发挥其对维护国家金融安全、规避金融危机的积极作用。

(二)金融安全与金融风险

风险就是未来收益的不确定性,即风险既可能带来收益,也可能带来损失。金融风险是金融行为的结果偏离预期结果的可能性,即金融行为结果的不确定性。具体而言,金融风险是指在金融服务交易中给金融交易者带来损失的可能性,或是实际收益低于预期收益,或是实际成本高于预期成本,如银行、证券、保险等金融行业在其业务经营活动中面临资产损失或盈利的可能性。金融风险通常包括信用风险、市场风险、汇率风险、国家风险等。由于金融活动本身具有负外部性、信息不对称性等特点,这意味着金融风险与其相伴相生,即只要有金融交易,就存在金融风险。金融风险的产生构成对金融安全的威胁,金融风险的积累和爆发造成对金融安全的损害,对金融风险的防范就是对金融安全的维护。然而,对一般金融机构经营中的风险,只要加以有效防范和控制并不容易威胁一国金融安全,而能够威胁金融安全的金融风险往往是指宏观意义上的金融风险或系统性金融风险,即整个金融体系出现动荡和混乱使从事金融活动的各个经济主体遭受损失的可能性。

(三)金融安全与金融危机

《新帕尔格雷夫经济学大辞典》对金融危机的定义为,全部或大部分金融指标的急剧、短暂和超周期的恶化,如短期利率、资产(证券、房地产、土地)价格、工商业破产数和金融机构倒闭数。金融危机通常表现为由于内部矛盾激发或外部冲击引起的金融体系动荡和混乱,造成金融指标短期内迅速恶化并对实际经济产生不利甚至是灾难性的影响,从而使管理当局处于紧张状态。如果金融风险转化为金融危机,金融危机的发生自然威胁着国家的金融安全,但国家的金融不安全不仅仅是金融危机。与金融危机相比,金融不安全内涵更加广泛和深刻,它包括爆发式的金融体系不安全即金融危机,还包括可能引发金融危机的超正常风险和过度波动,如金融领域的盗窃、诈骗、贪污、挪用,金融工作岗位上的失职行为,逃汇和非法套汇等。这表明即使没有发生金融危机,也存在着金融安全问题。当然超正常风险和过度波动通过不断积累最终也会演化为金融危机,也就是说金融危机是金融不安全状况积累后的爆发结果,如果防范得当,这种不安全状态是可以消除的。当爆发金融危机时,一国金融安全状态已被彻底打破,此时摆在政府面前的首要任务就是如何拯救金融主体、改善金融质量、重新回到金融安全状态。

(四)金融安全与金融稳定

关于金融稳定,目前学界对其缺乏统一的理解和概括,尚无严格定义。一般说来,学者们在研究中或者是把金融稳定看作是一个与金融不稳定相对的概念,或者用金融危机的研究反证金融稳定的重要性,或者把金融系统的稳健运行认同为金融稳定。国际货币基金组织的学者认为,金融系统的职能包括三个方面:第一,提高经济效率,包括资源配置、财富积累、经济增长和社会繁荣;第二,评估、定价、分配和管理金融风险;第三,通过自我纠偏,抗击内部和外部冲击造成的不平衡,确保金融系统正常履行职能。基于此,可以认为只要金融体系能够抗击内生或由于外部未预料的冲击造成的不平衡,继续履行提高实际经济运行效率的职能,金融系统就处于一系列不同层次的稳定状态。自 2005 年起,中国人民银行决定定期发布《中国金融稳定报告》,对金融体系健康状况进行综合评估,以切实防范金融风险。中国人民银行在《中国金融稳定报告》中对金融稳定的界定是:金融稳定是指金融体系处于能够有效发挥其关键作用的状态。在这种状态下,宏观经济健康运行,货币和财政政策稳健有效,金融生态环境不断得到改善,金融机构、金融市场和金融基础设施能够发挥资源配置、风险管理、支付结算等关键功能,而且在受到内外部因素冲击时,金融体系整体上仍能够平稳运行。稳定就是安全和秩序,金融稳定就是金融安全和金融交易活动有秩序。金融稳定和金融安全有极大的相似性。但金融稳定侧重于金融的稳定发展,不发生较大的金融动荡;而金融安全侧重于强调一种动态适应,包括金融体系对宏观经济体制、经济结构调整变化的动态适应。

一般来说,国外学者在研究有关金融风险和金融危机问题时,大多运用金融稳定的概念而较少用金融安全的概念。有学者将金融安全等级划分为四种状态,即安全、潜在非安全、显在非安全和危机四种状态。其中,安全是指一国经济处于基础稳固、健康运行、稳健增长、持续发展的状态,不致因为某些问题的演化而使整个经济受到过大的打击,损失过多的国民经济利益。潜在非安全是指经济中发生了不利于国家经济安全的问题,但没出现显在非安全的局面。显在非安全是指经济中出现了明显不安全的局面。危机是指国家的根本经济利益受到极大的伤害,如经济发展基础溃散,经济运行失常,经济出现较大负增长等。由此,编者将金融安全区分为金融安全、潜在非安全、显在非安全和金融危机四种状态。

三、金融安全的重要性

金融是现代经济的核心,金融安全是国家经济安全的核心内容。随着金融活动的发展和金融功能的深化,金融对经济的反作用越来越显著,金融功能发挥的好坏已成为直接影响经济能否平稳运行的重要因素。从历次国际金融危机证明,在金融自由化和全球化的进程中,金融危机对一个国家政治、经济和社会的伤害不亚于一场战争,波及面可能是整个地区乃至全球的经济金融。因此,在经济全球化的大趋势下,在参与国际合作与竞争中,如何提高抵御金融风险的能力,维护国家的金融安全和经济安全,是国际社会特别是发展中国家亟须解决的重要课题。

金融活,经济活;金融稳,经济稳。这些论述形象地概括了金融与经济的关系以及金融的能动作用。把金融安全置于国家安全、经济安全系统中去认识,强调金融的活与稳,而非行政抑制,注重在运动中保持平衡、在稳定中保持活力,体现了积极的金融安全观。同时,这也意味着金融发展应确立更高的定位、格局和责任,避免自我循环式的扩张,更多地从社会经济发展大系统、从全球经济格局、从新常态逻辑框架中去谋划,厚植金融安全的根基。我国已成为重要的世界金融大国。从金融大国到金融强国是金融发展的新长征,在这个过程中,需要继承和创新,需要艰难跋涉,深化和重塑金融与经济的关系。经济强,则金融强;没有经济的支撑,金融的发展就缺乏根基,也就难以成为金融强国。金融强,并非单单看资产规模,还要看金融体制的韧性和灵活性,在国际金融市场上动员资本的能力,以及金融服务实体经济的能力。我国目前所致力的人民币国际化、金融基础设施高效化、金融监管规范化、金融服务实体化,最终是为了促进经济的转型升级以及提升经济的整体竞争力,同时也是走向金融强国的需要。

第二节　金融安全的维度

2008 年金融危机之后,全球金融环境发生了深刻复杂的变化,中国面临的金融安全形势也处在巨大变化中。自 2017 年以来,美联储加息牵动全球市场,一些国家的货币政策和财政政策调整形成的风险外溢效应导致的信贷风险、资产泡沫、房地产泡沫以及大宗商品市场泡沫等,都有可能对金融安全形成外部冲击,构成重大的不确定性。在这种形势下,如何衡量金融安全,控制金融风险,就需要新的视角和方法。有学者提出货币、债务、信息、资产、市场和监管构成了一个国家金融安全的 6 个维度,并且正好可以表述为一张"金融安全的蛛网图"。

一、货币维度

货币是金融安全的第一维度。国际货币政策的变化导致国际资本普遍由新兴经济体向发达经济体流动,加大了区域金融风险,加剧了国际资本市场的大幅波动,增加了其他地区维护金融安全的难度。2008 年美国金融风暴与经济不景气发生后,美联储施行货币宽松政策,旨在帮助经济复苏。2014 年 1 月份,在经济持续复苏的背景下,美联储在当月起小幅削减月度资产购买规模,将长期国债的购买规模从 450 亿美元降至 400 亿美元,将抵押贷款支持证券的购买规模从 400 亿美元降至 350 亿美元,美联储开始迈出退出量化宽松政策的第一步。2014 年 10 月 29 日,美联储在议息结束后宣布,彻底终结资产购买计划,意味着长达 6 年的量化宽松政策完全退出历史舞台。美联储量化宽松政策退出导致全球资本流向逆转。国际金融协会的数据显示,2014 年流入新兴市场的民间投资总额降至 1.1 万亿美元,较 2013 年创纪录的 1.35 万亿美元减少了 2 500 亿美元,新兴市场资金流入下滑,其他地区也因美联储即将升息的预期而受到影响。对新兴经济体而言,其国际资本流动方向及规模受外国投资者影响较大。

与此同时,中国经济步入换挡期,经济下行压力较大,面临较为严峻的跨境资本流出形势。2014 年第二季度以来,中国国际收支连续 6 个季度出现经常项目顺差、资本和金融账户逆差的现象,主要原因是金融账户中其他投资子项的大幅流出。货币和存款、贷款、贸易信贷等非居民资本加速流出,成为当下境外资本撤离的主要形式。2015 年 12 月 16 日,美联储宣布加息,将联邦基金利率提高 25 个基点到 0.25%～0.5%的水平。2016 年 12 月 14 日,美联储宣布将联邦基金利率目标区间上调 25 个基点到 0.5%～0.75%的水平,这是美联储时隔 1 年后再度加息。2017 年 3 月 16 日凌晨两点,美联储宣布,将基准利率调升 25 个基点,从 0.5%～0.75% 上调到 0.75%～1.0%。2017 年 4 月 5 日,美联储发布了 2017 年 3 月 14 日至 15 日联邦公开市场委员会会议纪要。会议纪要中最主要的内容之一是多数美联储官员支持在 2017 年晚些时候开始缩减庞大的资产负债表。美元进入加息通道后,全球资本开始向美国流动,新兴市场及发展中国家的国内资金大量"外逃",全球资产配置方向转向美元资产或房产,中国等楼市在调控政策压力下进入调整周期。2017 年 4 月初,美联储宣布缩表,此举标志着其全面收紧货币政策,对市场风险情绪的打击将是巨大的。对于新兴市场而言,如果美联储选择通过缩表来进一步回收流动性,可能导致美国以外市场出现"美元荒",从而令新兴市场面临更大的货币贬值和资金外流压力。

二、债务维度

债务是金融安全的第二维度。2008 年全球金融危机以来,以流动性不足为特征的银行体系危机正在逐步转变为以高债务率为特征的债务危机。无论是发达国家还是新兴市场国家,普遍面临着债务率不断累积、经济增长放缓的问题。2008 年以来,欧洲、日本等国由于在货币宽松上表现出犹豫和妥协,且在处理欧洲主权债务危机、日本"僵尸型"企业的过程中,更多受到非市场化因素的干扰,最终导致债务负担依然过重,高负债部门没有得到实质性改善。从中国债务率的动态演进轨迹来看,2008 年之后,因为受到大规模经济刺激的冲击,中国债务率有了显著上升。横向来看,中国债务率总水平超过新兴市场国家的均值,不过仍然显著低于美、日、欧等发达经济体。中国的债务风险集中在非金融企业部门。近年来,非金融企业部门杠杆率快速增加,而企业资产负债率却呈下降趋势。2008—2015 年,非金融企业部门杠杆率从 108% 上升到 166%,上升了 58 个百分点,"加杠杆"明显,而规模以上工业企业资产负债率却从 59.2% 下降到 56.2%,下降约 3 个百分点,呈"去杠杆"趋势。非金融企业部门债务率不仅远高于所有国家,且增长还在不断加速,成为中国债务风险最为集中的部门。经济增速的放缓和融资成本下降缓慢,使企业债务风险面临较大挑战。相对而言,家庭和金融部门债务率偏低。家庭部门负债与新兴市场国家均值较为接近,但近年有超越的趋势;金融部门债务远低于发达国家,但也呈现出上行的趋势。

三、信息维度

信息是金融安全的第三维度。西方发达国家金融业发展历史久远,世界金融规则也以西方标准为主。近 20 年来,中国经济持续高速发展,国内资本市场不断扩大对外开放,但由于中国金融信息服务水平与国外金融信息服务寡头相比相差较大,国际金融信息服务市场还是被境外金融信息服务机构主导。从 2008 年金融危机到 2013 年彭博"偷窥门",都反映出中国在经济全球化、金融信息化中话语权的缺失以及对国外金融信息的过分依赖,这已成为威胁中国金融安全的不稳定因素之一。中国金融信息服务行业起步晚,相关规则都是在学习和模仿中发展起来。同时,金融信息服务行业属于现代高端信息服务业,是一个国家竞争力和软实力的重要组成部分。相对而言,起步晚、发展落后的情况,使中国欠缺规则的主导权和话语权。在金融领域的重要环节,比如国际投行、银行、国际清算与结算系统、评级机构、会计师事务所等方面,西方都占有绝对优势,掌握规则制定权和话语权。据统计,2015 年以市值排名的世界前十大投资银行均为境外银行,全球主要信用评级市场也被穆迪、标普、惠誉所垄断,它们垄断全球信用评级市场,在世界范围内建立起话语权和主导权,以其意识形态和自身利益来主导市场,其评级结果对中国内部经济形成实质性影响。在以监管部门为信息源的生态链中,政府虽然能够掌握信息的主动权,但是仍然受到其他国家政府甚至海外信息服务提供商的影响。

四、资产维度

资产是金融安全的第四维度。现今中国金融市场正在经历一个快速、剧烈的资产证券化过程。资产证券化的直接后果是改变了中国金融体系的格局。中国在国际金融界中被认为是属于德日式民法体系下的银行基础金融体系,社会对金融方面的需求主要由各级银行组成融资系统完成。但是随着资产证券化的速度急剧加快,社会融资体系开始向以金融市场为核心的英美式市场基础金融体系发生转变。截至 2016 年年底,全国共发行资产证券化产品超过 9 000 亿元,同比增长约 50%,资产证券化市场存量超过万亿元,同比增长超过 60%。这一转变造成的直接结果是原本在改革开放后的几十年时间中形成的金融系统治理经验逐渐与现实脱轨。例如,现今国内证券二级市场建设尚不完善,市场基础的金融系统需要一个具备较高流动性的二级市场作为基础。然而,目前二级市场制度的不完善造成了银行资产证券化产品的流通性困难,原本作为金融系统核心的商业银行则缺乏投资的内在动力,因此资产证券化在二级市场上的应用推广较为局限,依旧存在相当程度的拓展空间。总体而言,由于资产的全速证券化,整个金融市场系统尚未能够调整适应这一转变。在两种金融体系转换过程中自然会产生一系列的摩擦和不适应,可以说是当今金融市场很多怪象的根本原因。

五、市场维度

市场是金融安全的第五维度。资产证券化本该是服务实体经济、为实体经济提供运行的重要燃料,然而在这一轮资产证券化过程中,产生的资金并没有流向实体产业。尽管国家鼓励通过"互联网+""金融创新"等方式引导资金回流向实体产业,但是成果并不明显。一方面,这固然是由于实体产业本身相对于金融行业较低的盈利率、被市场自然淘汰所造成的结果;另一方面,金融创新产品本身的不成熟、金融产品良莠不齐也难辞其咎。

金融产品风险可以大致分为两个方向:一是产品设计风险。创新金融工具都是随着社会经济的发展不断被发掘和设计的,在这一过程中有心或无意的产品设计漏洞会成为未来风险爆发的导火索。例如在次贷危机中,美国金融产品的过度创新和其设计缺陷是造成危机爆发的一个重要原因。二是交易操作风险。金融产品在后台上是需要人为操作的,无论是人类操作抑或是现在流行的机器人操作,在执行上都是存在系统性漏洞的。特别是在金融市场规模快速扩张、有经验的从业人员供不应求的情况下,由于交易原因导致错误产生并在市场中进一步放大的危机始终存在。

六、监管维度

监管是金融安全的第六维度。金融监管维度集中在磨合期的监管变化上,这一状态已经开始变为中国金融市场转变时期的新常态。传统上监管部门习惯于在平时对市场减少干预、在负面影响暴露后再介入监管,如2015年股市下跌、2016年险资举牌。虽然监管部门最终都稳定住了市场,但是这种事后介入的监管模式效率低下,难以从根本上防范新形势下的系统性风险爆发。在以银行为基础的金融系统中,监管机构多采取停牌等直接干预政策,而在英美等金融市场成熟的国家,主要的监管方式是通过事前立法来限制系统性金融风险的爆发。例如,美国总统特朗普上台前誓言废除的《多德-弗兰克法案》,就是美国政府为了对华尔街进行监管而推出的立法监管方式。中国已经为应对传统的金融体系风险建成了多层次、全方位的组织,但是新形势下的系统性金融风险具有涵盖范围广、关联性强、传导扩散错综复杂的特点,其监管工作对当前的人员素质、规则制定,尤其是监管协调等方面都有巨大的挑战。此外,由于金融系统变化和金融创新不断产生,在分业监管模式下,一方面,中央各个监管部门之间、中央与地方监管部门之间,经常性地出现权限交叉;另一方面,某些领域还存在监管真空的现象。中国应尽快实施监管体制改革,以便更好地统筹国际与国内、中央与地方系统性金融风险的监管。

第三节 金融安全维护

随着经济金融全球化的发展,金融风险的来源愈发复杂,金融风险的识别更加困难,金融风险的传染也更为容易。目前,国外涉及金融安全的文献主要集中在风险与金融危机领域,包括:金融危机理论与实证研究、金融风险测度与管理、金融风险传染研究、金融危机预警模型与综合治理等方面。我国学者对金融安全问题的研究在1997年亚洲金融危机爆发后才开始出现。已有关于金融安全问题的文献主要有两种研究视角:一种是基于金融经济本质的视角;另一种是基于金融活动对国际关系影响的视角。尽管这两种分析视角在研究中都是非常重要的,但是它们却给研究者带来困惑。这是因为,虽然金融安全的这两条影响路径可能存在交叉的地方,但是它们的理论基础和研究问题却是不同的。因而,研究者总试图把金融安全放在统一的理论范式下进行研究,很少从国家战略的高度来审视金融安全问题。为此,需要提出一种"新金融安全观"。

一、"新金融安全观"的内涵

金融安全可以从经济学和政治学两个视角来进行分析,前者侧重于金融风险和金融危机给金融安全带来的影响;后者偏重于金融因素对国家"非经济核心价值"的影响。从经济学角度来看,金融安全是金融发展的安全和金融本身的稳定,主要体现为金融财富安全和金融体系的稳定。金融风险和金融危机会影响实体经济的稳定,因此,凡能引发金融风险的问题都应纳入金融安全的分析范畴。从政治学角度来看,金融安全主要表现为金融因素对一国政治、军事、社会等领域的安全的影响程度。在开放经济下,大国之间在争夺世界领导权和影响力时常常利用金融政策手段来进行博弈,因而金融控制与反金融控制的斗争较为常见。

由上述分析可知,金融安全与金融风险紧密联系在一起。金融风险的产生和积累、金融危机的爆发对金融安全形成直接的威胁,因此,维护金融安全主要是防范金融风险。不过,金融安全与金融风险是两个既有联系又有区别的概念。前者是从维护金融体系运行和发展的角度来分析外部经济冲击的来源和消除途径;后者是从发生结果具有不确定性的角度来分析金融风险的产生和防范方法。这种由金融风险引发的金融安全问题的分析范式来自经济学。因此,对金融风险的产生和传导机制的研究体现了金融安全纯粹经济学意义的内涵。

不过,已有研究过于集中在金融风险和金融危机的形成和传导机制上,而忽略了对经济全球化和国家或超国家利益集团的权力斗争问题的研究,较少研究隐藏在金融危机背后的政治经济因素。因此,使用单纯的经济学研究方法来研究金融安全问题具有一定的局限性。鉴于此,本书提出一种"新金融安全观"。新金融安全观是一个包含经济和政治双重属性的新命题,它与金融国际化密切联系在一起,与金融危机、银行控制力紧密相关,也与国家安全的整体战略利益有关。它以国家为中心,体现为一国金融体系的稳定运行状态,关键在于维护国家的核心金融价值。新金融安全观是站在国家政治、经济、社会等安全全局的高度来审视金融安全问题。金融安全是一个高度综合的概念,它取决于一国政府维护或控制金融体系的能力和一国金融机构包括商业银行在内的竞争力。金融安全是国家安全的重要组成部分,是经济安全的核心部分。这是因为单个金融风险难以危及一个国家金融体系的正常运行,只有当单个金融风险快速转移、扩散并演变成系统性金融风险时,它才会给金融体系带来巨大危害,进而直接威胁国家金融安全。一国银行机构缺乏竞争力,经营不善,不良资产膨胀,出现持续亏损甚至倒闭的风险,会引发公众挤兑,从而造成金融危机。金融危机是危害金融安全的极端表现。从各国金融危机的历史看,金融危机往往又会催生国家经济和社会的不稳定或者危机,更有甚者,还有可能引发政治动荡,导致政治危机。

在新金融安全观来看,银行控制力是国家维护金融安全的重要基础,它可分为核心控制权与非核心控制权,金融开放过程就是金融非核心控制权不断被分享的过程。银行开放可能带来银行控制力削弱,但并不意味着要反对对外开放战略,这是因为政府的目标函数中不仅包含金融安全变量,还包括更为重要的经济增长变量,更何况金融安全本身就包括了发展因素。从国家层面来看,一国金融资源控制权配置与金融体系的风险收益准则是密不可分的。如果一国只紧紧抓住金融资源的控制权,而金融体系存在着多种风险隐患、不能为国民经济发展提供有力支持的话,那么这个国家并不能获得真正的金融安全。相反,如果一国只是考虑其金融体系的经济效益和市场环境,而视金融资源的控制权于不顾的话,那么该国的金融安全乃至国家安全一定会受到威胁。这一点对一个大国来讲尤其明显。大国之间的关系更多的是一种竞争与合作的关系,如果没有对本国金融资源的控制力,那就谈不上竞争,只能是受制于人了。此外,一个大国也应该积极融入世界,参与国际市场规则的制定,而不能局限于做国际规则的接受者。因此,在开放经济下,银行开放必然伴随着东道国银行效率改进、银行稳定与银行控制力丧失风险之间的艰难权衡。

综上,可以概括地理解为新金融安全观是经济学意义上的自由主义金融安全、国家主权上的现实主义金融安全和大国战略利益上的金融安全三者的有机整体。换言之,新金融安全观不仅要获得开放性收益,如金融稳定和金融运行效率提高,还需要对金融体系有足够的控制力,从而为守住国家安全的战略利益打下基础。

二、金融安全观的类型

(一)自由主义金融安全观

受经济自由主义的影响,一些学者把金融安全视为一个纯粹的经济学问题。他们普遍认为,金融安全是一个只涵盖金融市场风险和金融危机的经济学问题,金融是否安全仅仅由金融体系的效率高低及稳定与否来决定,而不需要考虑主权层面的金融安全。他们还认为,银行控制力由谁掌控无所谓,只要金融控制的配置符合帕累托改进即可。这种观点在中东欧、拉美国家比较流行,因为在这些地区银行国际化和私有化的改革过程中,银行资产70%以上由外资实际掌控着,但其银行效率却得到了改善,银行稳定性得到了提高,而且这些国家金融当局也没有太多的发言权。但是,我们知道银行控制权并不是保障金融安全的充分条件,而是必要条件,换言之,掌握了银行控制权并不等于拥有了金融安全,但失去了银行控制权的金融不安全就会增加。银行开放的实质是东道国银行效率改进、银行稳定与银行控制力丧失风险之间的权衡,在这个决策过程中需要考虑国内外利益集团与国家之间的利益和权力争夺。因此,运用单纯的经济学思维难以找到正确答案。

(二)现实主义金融安全观

受美国经济学家罗伯特·吉尔平倡导的"一切以国家为中心"的影响,现实主义者超越了经济学范畴来看待金融安全问题,他们认为金融活动涉及利益分配和权力争夺,因而金融安全的重心必在于此。他们还认为,不同主体掌握银行控制力,结果有很大差别,丧失银行控制力的后果不仅仅会引致利益剥夺和欺辱,而且自身惶惶不安的状态本身就是一个很大的安全问题。尽管这种观点被很多人所接受,但其自利性、实用性以及国家间无政府状态的主张与全球治理的发展趋势格格不入。

(三)依附的金融安全观

有些人士认为,当今世界仍然是一个受帝国主义操纵、弱肉强食的世界,而金融是一场没有硝烟的战争。金融领域的权力和资源争夺是各个国家或经济体之间综合经济实力的较量。帝国主义出于谋求霸权的战略动机,常常巧妙地利用市场经济规律作为破坏力量,暗中操纵国际经济组织推荐破坏性改革药方,设置金融改革陷阱,人为地制造金融危机来打击国际竞争对手以谋求建立世界霸权。这种较为极端的金融安全观主要流行于部分发展中国家,尤其是那些曾经经历过金融危机的国家。

由上述分析可知,已有的几种金融安全观有一些合理之处,但均难以让人信服。金融安全实际上是一个动态变化的过程,其探究的边界与重点随着全球金融格局特征变化而相应变化。亚洲金融危机使各国反思"东亚模式"、政府失败与裙带资本主义的缺陷,而

"次贷危机"又让各国重新审视全球金融过度膨胀和金融创新带来的危害。因此,有必要构筑一个新的金融安全观。

三、维护金融安全的要求和措施

(一)维护金融安全的要求

维护金融安全,归根到底要提高金融业竞争能力、抗风险能力、可持续发展能力。2017 年 4 月 25 日,中共中央政治局就维护国家金融安全进行第四十次集体学习。中共中央总书记习近平在主持学习时强调,金融安全是国家安全的重要组成部分,是经济平稳健康发展的重要基础。维护金融安全,是关系我国经济社会发展全局的一件带有战略性、根本性的大事。习总书记对维护金融安全提出了六项要求:一是深化金融改革,完善金融体系,推进金融业公司治理改革,强化审慎合规经营理念,推动金融机构切实承担起风险管理责任,完善市场规则,健全市场化、法治化违约处置机制。二是加强金融监管,统筹监管系统重要性金融机构,统筹监管金融控股公司和重要金融基础设施,统筹负责金融业综合统计,形成金融发展和监管的强大合力,补齐监管短板,避免监管空白。三是采取措施处置风险点,着力控制增量,积极处置存量,打击逃废债行为,控制好杠杆率,加大对市场违法违规行为的打击力度。四是为实体经济发展创造良好的金融环境,疏通金融进入实体经济的渠道,积极规范发展多层次资本市场,扩大直接融资,加强信贷政策指引,鼓励金融机构加大对先进制造业等领域的资金支持,推进供给侧结构性改革。五是提高领导干部金融工作能力。六是加强党对金融工作的领导,提高金融决策科学化水平,形成全国一盘棋的金融风险防控格局。这六个方面,体现了问题导向、改革导向,纲目清晰,为筑牢金融安全根基指明了政策方向。

(二)维护金融安全的具体措施

(1)增强风险防范意识。近些年来,中国金融业改革不断深入,取得了存贷款利率管制放开、人民币成为国际储备货币等一系列重大历史性突破,为中国经济的稳定健康发展提供了有力支撑。然而,在金融创新蓬勃发展的同时也出现了隐患,我们必须增强风险防范意识,准确判断风险,这是保障金融安全的前提。当前,面对我国市场机制不完善下的低利率风险、资产和负债的期限错配、各类金融机构功能异化等各种金融风险,提升金融监管力度势在必行。

(2)加强监管部门的协调与沟通。我国特有的"一行两会"的金融监管制度,在其履行职能过程中,暴露了很多问题,如在分业监管的体制下,各个金融机构的资金流动难以掌控,金融风险难以判断。究其根本原因,是我国的金融机构之间信息沟通不对称,各个机构之间难以协调。在实践中,某些跨国机构利用此项漏洞,在我国建立了独立的金融网络,最为典型的就是荷兰国际集团。目前,荷兰国际集团在我国参股了众多金融企业,并控股了部分企业。如今,我国仍在实行分业监管,所以我们必须在现有的金融监管机制下,打破监管机构部门各自主导的局面,形成监管合力,消除"脱实向虚"的高风险金融业务,建立统一的统计信息平台,相互间有序沟通、有效沟通,准确判断宏观风险,防止金融巨鳄的出现,各机构之间应该共同建设金融安全的法治环境,保障国家金融体系的完善。

（3）扩大监管范围，与时俱进。金融创新产生了大量的跨行业、跨市场的金融产品，如果监管存在空白，监管标准不统一，极易滋生新的风险。我们要把防范跨行业、跨市场的交叉性金融风险作为维护金融稳定的重点领域，特别是资产管理和理财产品横跨银行、证券、信托、债券等多个领域，难免会出现底数不清、风险不明的情况，需要重点排查，实现穿透式监管。自 2016 年以来，蓬勃发展的互联网金融领域已经开始全面整顿，但由于互联网金融存在多种形式，新进企业较多，创新模式日新月异，使对互联网金融的监管存在以下问题：首先，互联网金融尚在探索阶段，法律法规对众多风险隐患还没有实现有效覆盖；其次，互联网金融业务在经济全球化背景下野蛮生长，使金融风险更难以准确拿捏；最后，虽然互联网金融活动已经引起了金融监管的广泛关注，但当前的技术操作、评价信用等仍然亟待完善。所以，我们对互联网金融领域需要动态式持续监管，加强对行业的整体把握。

（4）完善监管机构的法律责任。监管机构在行使监管权力时，必须有法律的明确授权，不得任意扩大监管范围，应坚持法无规定不可为。同时要把防控风险与金融反腐融为一体。一旦金融机构有犯罪行为，对其主管人员与直接负责人也要进行处罚。金融监管机构必须有其独立性，不受任何其他机关的干涉，独立行使监管职能。金融活动往往具有长期性，因此，监管机构需要对金融活动的全过程进行监管，这就需要监管部门与机构有综合型人才，对监管过程全方位了解。监管机构要重视对信息的公开，保障社会公众的知情权，防止监管滥用，这也有助于吸引更多的金融主体参与到市场经济中来。监管机构建立有效的问责机制，对于滥用监管权力的人员，既要对结果负责，也要对过程负责，切实保障监管权的有效合法实施。

（5）完善金融安全监管立法。金融安全涉及社会公众的权益，关乎国家的长治久安，现有的法律法规、规章制度已经不能满足国家对金融安全的需要。金融安全涉及宪法、民法、行政法、经济法等多个法律部门，金融主体在不断扩大。因此，需要系统完善的法律体系来对其进行规范，以确保金融市场的健康发展。金融安全监管的立法作为国家层面的上位法，应当具有稳定性、长期性、有效性、普遍适用性。金融监管立法需要科学化，注重提升立法的统一性和前瞻性，使其实践性更强。美国、英国、日本等都设立了一系列相关法律，我们要借鉴外国的有益经验，也必须立足我国当前金融发展现状，从实际出发，准确把握我国金融发展的特点和规律，并且与国际金融组织的法律法规相衔接，制定出符合中国特色社会主义市场经济的金融法律法规。

（6）完善执法、司法举措。在执法上，监管主体对进入金融领域的产品具有准入权，包括金融准入管制、金融交易数量管制、金融交易的品种管制、金融交易空间管制等。要提高准入门槛，把金融机构的经营"信用"作为重点考察的因素，设立专门的金融安全执行机构，把握工作性质，按照法律的原则和要求承担相关政策制定、业务指导、信息管理等责任，建立高效、便捷的监管协调机制。在司法上，要灵活运用法律手段，加大对市场违法违规行为的打击力度，对利用法律制度中监管盲点和空白点实行经济犯罪的，必须严惩不贷，以保证我国司法的公平和公正。

第四节　大学生金融安全意识

大学生作为年轻的消费群体,拥有旺盛的消费需求。作为成年人,他们虽具有完全民事行为能力,但仍缺乏安全意识和风险意识;作为学生,他们也还没有足够的社会经验和独立面对状况的能力。随着互联网金融和非正规金融的快速发展,衍生出众多专门针对大学生群体的诸如校园贷、网络信贷、分期付款购物、信用卡透支、互联网理财等金融产品。与此同时,大学生越来越青睐支付宝、微信支付等电子支付渠道。但是,这些门槛低、方便快捷、良莠不齐的金融产品和支付渠道是一把"双刃剑",在给大学生提供便利、缓解小额资金短缺的同时,还存在隐形高息、泄露个人信息等诸多风险。由于大学生普遍缺乏理财能力和风险意识,部分在校大学生消费方式不够理性,在面对虚假宣传时易被诱惑,掉入超前消费和过度消费的陷阱;同时,防诈骗意识不强,轻易将个人证件借给他人或将个人信息资料透露给他人,金融安全意识薄弱,给非法分子以可乘之机。

一、提高在校大学生金融安全意识及风险防范能力

(一)加强媒体宣传教育力度

在资讯发达的今天,通过加强媒体宣传提高大学生的金融安全意识及风险防范能力是一条非常有效的途径。尤其是通过网络、电视、广播电台、报纸等媒介,对已经发生在大学校园里的具有警示意义的鲜活事例进行报道,更能引起大学生的共鸣,让他们知晓哪些行为会带来金融风险,又该如何进行防范。宣传部门可以不定期地在大学校园举办金融知识宣传活动,并给学生发放金融安全知识手册。学校可以利用校园广播循环播报金融知识,或在校园官网开设金融安全知识专栏,营造良好的宣传氛围,让大学生在学习之余把金融安全重视起来。

(二)学校开设相关课程或相关知识讲座

高校设立面向所有专业学生的金融理财知识课程,普及金融知识,倡导合理消费,避免掉入超前消费的陷阱。高校可以请金融领域的专业人士进行专题讲座,这既是校园文化的一部分,又是课堂的延伸。高校还可以通过视频播放、情景模拟等方式,介绍、解释生活中遇到的金融现象和热点问题,帮助学生了解金融知识,初步树立健康的金融诚信、金融安全、金融消费、金融理财理念。

(三)组建金融或理财社团

各高校可以鼓励学生组建金融或理财社团,社团成员以金融专业的学生为主,一方面可以提高他们的专业知识和能力,另一方面也为开展相关互动提供条件。社团应配备金融专业的指导教师。社团承担金融知识志愿宣传、定期组织投资模拟大赛等职能,并可在指导教师的指导下参加金融方面的各种竞赛等。

(四)加强大学生自身管理

作为新时代的大学生,面对不断推陈出新的金融产品和金融机构,大学生要加强对自

己的判断力和管理能力。一方面,大学生要树立理性的消费观,不攀比、不过度消费,这样就不会掉进那些非正规金融的陷阱;另一方面大学生应保护好个人信息,如身份证号码、银行卡号及密码、网上支付密码等,重要证件不轻易外借或交给别人。与此同时,大学生要珍惜个人信用记录,提高对个人信用的认知度。

二、提升大学生个人信用度的措施

(一)规范市场秩序,建立征信体系

政府要发挥宏观调控作用:首先,要进一步出台相关法律法规和政策条文,约束校园网贷平台;其次,要加强对网贷平台的审查,提高校园金融服务准入门槛,规范校园金融市场秩序;最后,政府可以尝试利用蚂蚁金服、滴滴出行等平台,掌握高校学生的消费情况,建立大学生信用档案,从而建立大学生征信体系,为大学生贷款消费划定合理额度,从而保障校园金融市场稳定,防范大学生超前消费引发的各类风险。

(二)完善资助体系,鼓励商业银行提供校园金融服务

尽管银保监会和教育部屡次发文禁止校园网络借贷,但屡禁不止,代表了部分高校学生确实存在资金需求。首先,国家要完善资助体系,保障困难学生的基本需求。开展差异化的资助体系,满足学生基本生活、创新创业等差异化需求。其次,国家要鼓励商业银行等正规金融机构开展校园金融服务,满足高校学生金融需求,同时以正规化的服务和产品,保障校园金融安全。

(三)加强资料审核,推动行业自律

网贷平台要进一步加强自我监管和资料审核。首先,网贷平台要做好实名认证,对用户信息进行严格审核,对信用能力进行等级评价,同时要提升内部员工的道德素养。其次,网贷平台要加强信息安全保护,保障用户的信息安全,鼓励各网贷平台征信信息共享,避免多平台借贷等高风险事件的发生。

(四)开展财商教育,培育正确价值观念

校园贷的频频发生,反映的是高校学生缺乏财商教育,没有养成正确的消费观和价值观,如果高校学生财商知识和意识不健全,即便校园贷得以根除,也会出现其他校园金融诈骗案件。首先,高校要在第一课堂开展关于财商的公共课程,让全体大学生了解和学习基本的财商知识。其次,高校要在第二课堂广泛开展财商活动,通过有趣的活动形式,提高学生学习财商知识的兴趣。最后,高校要加强开展丰富的宣传教育活动,引导学生科学理性消费。

巩固训练与提高

案例分析

案 例 一

2017年8月3日,正在家放暑假的范某向家人称要返回北京学校,随即离开了家。

据范某的家人告诉记者,就在范某离开家的当天下午,家人在其卧室内发现了一封遗书,称自己"一步错、步步错",并且"我的心已经承受不住"。

随后,失踪的范某被确认溺亡,家人发现其曾在多个网络借贷平台贷款,同时还有多条威胁恐吓追债的信息及视频。

我们应该如何正确看待这起事件呢?

案 例 二

2014 年 8 月 29 日,原告邓某华在被告东银公司开立期货账户,签署了《期货经纪合同》等文件。至 2015 年 7 月 7 日收市,邓某华持有的多单合约风险率达到 101.61%,东银公司依约告知邓某华要及时追加保证金或自行减仓,否则可能会被强行平仓。后因邓某华未追加保证金亦未自行减仓,东银公司对邓某华账户实施强制平仓。邓某华诉至法院,要求东银公司赔偿因其强制平仓造成的经济损失 267 万元及利息。深圳中院认为,邓某华、东银公司签订的涉案文件合法有效。在邓某华交易保证金不足的情况下,东银公司已按约定通知邓某华追加保证金,但邓某华未依约追加保证金,东银公司有权强行平仓。且东银公司强行平仓的价位和数量未超过合理范围。故判决驳回邓某华的诉讼请求。邓某华不服,提起上诉。广东高院维持原判。广东高院认为,期货交易具有投机性和风险性高的特点,属于专业性较强的金融商事领域,交易者必须具备风险意识,防范相应的投资风险。案件中,法院在尊重当事人合法约定的前提下,依法对期货公司强行平仓行为的效力作出合理认定,维护了证券期货市场的有序运行,保障国家金融秩序的健康发展。证券市场平稳运行,关乎金融安全。

我们应该如何正确看待这起事件呢?

第十章 普 惠 金 融

学习 目标

（1）了解普惠金融的概念、发展历程以及风险监管。

（2）了解普惠金融国内外的发展的现状。

（3）掌握数字科技时代普惠金融的发展趋势，探索普惠金融未来健康可持续发展方向。

能力 目标

（1）借鉴国际普惠金融的发展经验，探讨中国特色的普惠金融发展道路，掌握普惠金融的政策变化。

（2）深刻理解互联网的快速发展引起普惠金融迅速发展及产生问题。

（3）探讨科技时代的普惠金融应防范的风险，思考数字技术服务于普惠金融的益处和方向。

（4）探讨新时期普惠金融的征信体系。

案例 导入

案例 10-1 印度微型信贷债务危机

印度是世界最大的小额金融市场之一，在小额信贷业务领域中，安德拉邦经常是印度以及整个世界的风向标，全印度约 30％的小额信贷在这里发放。小额信贷多通过妇女团体放贷，贷款人大多因居住偏远或过于贫穷而无法从银行借贷。随着小额金融服务业的发展，国际资本逐渐涌入，增强了该小额信贷行业规模。这引发了印度政界人士、监管机构及部分业内人士的担忧，小额信贷规模不受约束地扩张将导致不负责任的放贷、大量贷款集中到同一批借款人手中及普遍拖延贷款偿还等问题。

2010 年 9 月，印度民众因无力偿还小额信贷进行抗议示威而引发小额信贷信用危机，同年 10 月，《华尔街日报》刊出一篇关于印度安德拉邦小额信贷客户自杀的消息，安德拉邦政府在未经调查与确认的情况下，将当地数十起自杀案件归咎于小额信贷发放机构的高利率（年息为 25％～100％），并宣布将强制取缔过于泛滥的信贷行为，敦促借款人不要及时归还自己的贷款，某些情况下政府官员甚至会逮捕放贷机构的工作人员，指控他们纠缠借款人。

政府对于小额信贷公司的遏制性干预措施直接影响了多数贷款人的还款意愿,一大批原本资金充裕、准备按时还本付息的借款人纷纷选择停止归还贷款,小贷公司资金链就此断裂,从而诱发了此次小额信贷的危机。

讨论:

1. 印度小额信贷危机爆发的原因是什么?
2. 印度小额信贷危机给我们什么启示?

案例10-2 "众贷网"倒闭

"众贷网"是一家服务于中小微企业的融资平台,同时也自称是P2P网络金融服务平台,多为中小微企业和个人提供小额度的融资贷款,大力发展抵押担保贷款、流转担保贷款、联合担保贷款、个人信用担保贷款。"众贷网"隶属于海南众贷投资咨询公司,注册于海口市,注册资金为1 000万元,从2013年3月10日开始运营,2013年4月2日在"致投资人的一封信"中称,因整个管理团队经验缺乏,开展业务的时候没有把控好风险,造成了公司发生运营风险,造成了无法挽回的损失,因此宣布破产公告。媒体报道称,"众贷网"贷款年化利率高达32%,募集资金达300万元。

"众贷网"操作流程:首先,借贷人需要在"众贷网"上进行实名登记注册"众贷网"根据借贷人提供的身份证明、征信报告、收入证明等进行审核评估;其次,"众贷网"通过审核评估以后,发布借款标,当出借人看到借款标以后,对借贷人的基本信息和信用进行对比,综合评估是否进行借款,出借人可采取全额或部分投标的方式进行借款;再次,当满足借贷人的资金需求后,投标完成,"众贷网"进行审核,生成电子借条;最后,"众贷网"通过第三方交易平台"易宝付"将资金打入借贷人账户,借贷人同样在这个平台上进行还款,再由"易宝付"转入出借人的账户,交易完成。

讨论:

查找相关资料,试述"众贷网"倒闭的原因。

第一节　普惠金融的概述

20世纪90年代以来,一些国家和地区频繁发生的金融危机,对全球经济、政治的发展以及社会稳定都产生了巨大冲击,这促使各国开始对金融发展和金融监管问题进行一系列的反思和探索。

联合国为了实现"消除贫困与饥饿"这一目标,在2005年5月国际劳工组织的"建设包容性金融部门"全球会议上提出普惠金融,直译为"包容性金融"。2005年9月,在联合国峰会上,提出存在"通过微型金融和微型信贷对贫困者提供金融服务"。

一、普惠金融的定义

2005年联合国首次提出普惠金融概念,并将其定义为:一个能有效、全面地为社会所有阶层(特别是贫穷的、低收入的群体)提供服务的金融体系。

随着我国针对普惠金融的政策不断完善,其定义及范围也更加具体。2015年国务院政府工作报告中指出普惠金融立足机会平等要求和商业可持续原则,通过加大政策引导扶持、加强金融体系建设、健全金融基础设施,以可负担的成本为有金融服务需求的社会各阶层和群体提供适当的、有效的金融服务,并确定农民、小微企业、城镇低收入人群和残疾人、老年人等其他特殊群体为普惠金融的服务对象。

我国学者将普惠金融定义为,在服务于整体经济大局的前提下,通过官方推动,由正规金融机构为包括低收入者和小微企业在内的全体社会成员,以合理和差别化的价格提供持续、全功能的金融服务,使金融体系适度协调发展,并做好风险控制的金融行为。

二、普惠金融的内涵

普惠金融的工作对象主要是低收入者和小微企业。低收入者是指收入层次相对较低的群体,低于国家规定的贫困线或最低生活保障线,如在城市中无业、无劳动能力及企业失业下岗人员,劳动收入不能满足个人及家庭的基本生活需要。小微企业是小型企业、微型企业、家庭作坊式企业、个体工商户的统称,在税收方面应符合三个标准:第一,在资产总额上,工业企业不超过3 000万元,其他企业不超过1 000万元;第二,员工人数不超过100人;第三,年度纳税不超过50万元。

从普惠金融的概念和工作对象中我们可以得出两层含义:第一层是"普",指普遍性,即享受金融服务是每个人的权利,所有人都应该被赋予享受均等的金融服务的权利,无论他们收入的高低、来自城市还是农村、企业规模大小及是否为中心化城市,其有效金融服务需求都应得到满足。第二层是"惠",指金融服务的目的是便利金融的需求者,特别应"接纳"和"包容"贫困边远地区、分散农户、小微企业及社会低收入群体,向这些地区和群体提供金融服务,改善人民生活水平,为企业融资提供便利。

三、普惠金融的意义

发展普惠金融,有助于让社会各阶层都能享受到金融服务,我国经济的长期稳定发展离不开普惠金融,对当下全面建设小康社会,打好扶贫攻坚战具有重要的影响和意义。

(一)普惠金融的发展有助于让更多人享受金融服务

长期以来,经济弱势群体很难享受到传统金融服务,普惠金融将传统金融服务门槛降低,帮助农民、经济困难群体增加收入来源,摆脱贫困。更好地帮助贫困家庭改善子女教育,让子女有学上,进一步提升家庭生活质量。因偏远地区的网点人均效益远不如城镇,大型银行设立网点成本高、利润薄,因此干脆撤销或不设立银行网点。相比较而言,中小型金融机构只要有利益就愿意在当地发展,这一举措将进一步改善农村、偏远地区的公共基础建设,改善与提升当地民生。

(二)普惠金融的发展有助于金融行业的发展与创新

在我国作为发展中国家的大前提和背景下,金融市场普遍存在着信息不对称的问题。随着互联网科技公司不断创新,金融科技已逐步发展成为普惠金融不可或缺的一部分,有效降低了金融机构因信息不完全、不对称而带来的风险,尤其在降低服务成本、提升工作效率、提高小额信贷效益上有着积极的作用。同时,数字普惠金融还有效降低借贷成本,大大缩短事务处理时间,能做到广覆盖,实现精准服务,根据受众群体情况,提供一对一、个性化服务,为广大客户群体带来利益,对金融机构开展业务也起着积极作用。

普惠金融的发展也有利于传统银行业的竞争,使各金融机构不断优化金融服务质量、创新产品、提升竞争力等,促进整个金融行业的创新与发展。

第二节　国际普惠金融发展现状

一、小额信贷

在普惠金融的概念形成之前,针对社会底层的金融服务是以小额信贷、微型金融等形式存在的。15 世纪,意大利最先成立典当行为社区穷苦人民提供服务,此时小额信贷开始出现。

国际主流观点认为,小额信贷是指正规金融机构或小额信贷机构向低收入群体和微型企业提供额度较小、持续信贷的金融服务。1993 年,我国最早开始试办小额信贷,认为小额信贷是向农村或低收入者提供存贷款的金融服务。在我国农村,金融机构小额信贷业务的主要目的为满足农村地区目标人群的金融服务需求,包括用于农业生产经营活动,支持小微企业发展,满足家庭非生产性需要。其基本特征是额度较小、无担保、无抵押、服务于贫困人口。

二、微型金融

随着贫困群体对金融产品的需求日益增大,小额信贷机构已经很难满足他们的金融需求,19 世纪,欧洲为向农村和部分城市贫困人口提供金融服务,出现了规模大、更加正规的储蓄贷款机构及信贷合作社。到了 20 世纪 70 年代,世界各国开始模仿孟加拉乡村银行的运作模式,逐步推广到保险、汇款、信托等金融领域,由此微型金融开始产生。

微型金融是指以贫困群体及微小企业为服务对象,服务内容非常宽泛,既包括传统金融机构能提供的存款、租赁、贷款、转账、保险等产品及服务,也包括其他类金融机构及个人开展的微型金融服务。其基本特点是:大型商业银行、信用合作社、信贷组织等机构为社会各阶层群体提供多样化金融服务。

三、科技时代的普惠金融

2005 年,联合国正式提出涵盖小额信贷、微型金融,内容更为广泛的普惠金融。2016 年在《全球标准制定主体与普惠金融:不断变化发展的格局》白皮书中指出,数字普惠金融涵盖了各类金融产品和服务,使用数字金融服务以促进普惠金融的行为。为进一步加快推进普惠金融,中央在《中华人民共和国国民经济和社会发展等十三个五年规划纲要》《中共中央国务院关于打赢脱贫攻坚战的决定》等重要文件中都强调发展普惠金融的决心,为立足发展实际,坚持问题导向,提出了明确的政策导向,国务院还研究制定了《推进普惠金融发展规划(2016—2020 年)》。

(一)互联网下的普惠金融

2015 年 11 月,《华尔街日报》发表了"货币的优步化"对当下科技金融领域几个细分领域进行了深入浅出的探讨,其中包括 P2P 借贷、众筹、智能理财等,分析认为目前金融业正在经历"优步化"(即去中介化)的过程。在这其中,以大数据为代表的技术起着至关重要的作用。以 2009 年 9 月成立于洛杉矶的 ZestFinance 为例,其主要为无法获得基本信贷需求及信用分不高但借贷成本高的两类人群服务,分别解决他们无信用评分借贷和利用大数据征信以降低信贷成本两个问题。ZestFinance 的服务过程就是使用大数据技术、智能终端获得服务,利用精准的技术和简单的步骤取代了繁琐的程序和多余的人工服务。

《Fintech 视角下金融服务实体经济报告》中对我国各省(自治区、直辖市)的普惠金融发展水平进行了度量评估,研究了金融科技视角下金融服务实体经济作用的机理,依托互联网,契合"普"与"惠"的精神,具备"广泛性"及"服务成本低"的特征。

从广泛性来说,据工信部的统计,2016 年年底全国移动电话普及率达到 113.4%,即使是中西部地区,其普及率分别达到 80.2% 和 89.2%,而智能手机低至千元的成本及易操作的特性,为互联网实现在任何时候、任何地点、所有使用人均能顺畅联通成为可能,2017 年上半年手机支付用户规模达到 5 亿人,占手机网民 69.4% 的比率,真正发挥出互联网时代网络广泛性这一特性。

从降低服务成本来说,其一,移动支付的成本低导致金融基础设施成本的降低。其二,金融服务成本的降低。因小微企业融资需求具有短、小、频、急的特点,在传统金融体系下人力成本难以覆盖,而在金融科技条件下,资金发放和回款都通过移动端实现,极大地降低了人工成本。此外,金融科技简化交易流程和提供标准化操作,这也促进合同成本的降低。其三,金融风控成本降低。小微企业融资难的另一重要原因是风险高,实践过程中出现了信息造假、集体骗贷等诸多不良现象。金融科技时代，大数据的运用可在移动端多维度地分析客户行为特征，进而判断客户资信特质和风险偏好，这极大地降低了信息不对称的程度，提高了风险管理能力。其四，金融科技企业之间的竞争降低了整个行业的成本，惠及更多小微企业。

（二）数字时代普惠金融

2016年1月，我国正式发布《推动普惠金融发展规划（2016—2020年）》，提出要继续发挥互联网在促进普惠金融发展中的有益推动作用，大力推进移动金融专项工程。2016年9月，在G20峰会上，数字普惠金融首次被定义为，一切通过使用数字金融服务以促进普惠金融的行动。包括运用数字技术为无法获得金融服务或缺乏金融服务的群体提供一系列正规金融服务，其所提供的金融服务能够满足他们的需求，并且以负责任的、成本可负担的方式提供，同时对服务商而言是可持续的。

从全球范围来看，贫富差距和贫穷问题未来可预期长期存在，各国发展始终以经济发展为目标。因此，数字惠普金融将在很长一段时间成为各国政府缓解贫穷、缩小贫富差距的有效政策性工具。随着技术进一步更新和发展，数字普惠金融将成为全球的一种趋势。数字普惠金融涵盖支付、借贷和相关生态系统、储蓄和财务规划、保险等各类金融产品和服务，通过数字化进行交易，常见的如支付宝、银行账户等。其中，数字支付系统在拓展服务和账户时扮演着重要的角色，大多数传统支付服务通过昂贵的基础设施如网点、代理商或专业POS硬件提供，因此需要高固定成本和大量前期基础设施投资，导致市场集中和高服务费，使大量的人群无法获得这些服务。

在大多数新兴市场，电子支付普及率低，世界银行集团在2015年12月开展的世界支付系统调查显示，中等或低收入国家在2015年人均无现金交易的笔数为22笔，相比高收入国家的人均无现金交易笔数274笔少12倍以上。而中国的支付宝和微信支付大大加速了数字支付向无现金、无支票社会发展的进程，如微信通过开发个人对个人支付的方法，实现了快速的规模化，被商户迅速采纳。这一支付系统消除了在传统基于卡片的电子支付系统中，诸如发卡行、签约行、信用卡服务商、POS软件和硬件服务提供商等多种中介机构，并且比世界上其他支付服务规模增长更快。

我国的数字普惠金融得到了很好的发展，发展的主要动因包括：①贫困普遍存在、部分人群难以获得传统金融服务；②贫富差距严重、促使政府强推数字普惠金融；③经济持续增长、各类人群金融需求增加；④计算能力、通信技术等底层技术持续发展；⑤数字生活观念日渐增强。有学者认为我国普惠金融历史的实践可以归纳为四个阶段，现在已经达到第三个阶段即创新性互联网金融，以前经过了公益性小额信贷和发展性微型金融两个阶段，未来会走向综合性普惠金融阶段。

第三节　探索中国普惠金融未来发展之路

世界银行国际金融公司与世界银行扶贫协商小组在2013年共同发布的《2012年普惠金融：加深全面了解》报告指出，全球约75%的贫困人口无法获得正规的金融服务，各国应建立普惠金融体系。例如,印度、秘鲁、南非等发展中国家和地区,金融体系普遍薄弱,甚至有些非洲国家完全没有国家金融体系,因此以创新金融科技应用为基础的数字普惠金融,为服务本国及地区的经济发展提供了很好的契机,尤其以中国为代表的发展中国家,借鉴各国成功经验的基础上,政府出台各项政策制度来大力发展普惠金融,让国人享受到创新、便捷的数字普惠金融服务,走出一条中国特色的普惠金融之路,为国际普惠金融的发展提供借鉴。

一、普惠金融的运用

(一)国际普惠金融模式借鉴

我国在发展普惠金融的同时,充分借鉴国际普惠金融经验并且结合本国现有国情,探索出自己鲜明特色的模式。

借鉴巴西等国的代理银行模式,为改善农村地区支付服务环境,提升农村金融服务水平,我国 2010 年正式开始推行助农取款服务点模式,2014 年进一步丰富了服务点功能,包括小额取款、查询、现金汇款、转账、代理缴费等。截至 2016 年,农村地区拥有助农取款服务点 98.34 万个,村级行政区覆盖率超 90%,使农村居民更便捷地享受到基础金融服务,大大降低了交易和交通成本。

借鉴墨西哥等国为居民开设简易账户模式,通过采取以下几种方式提升我国账户的普及率:①开设便捷、免费的银行账户,不收取账户管理费;②在乡镇普遍设立商业银行网点,完善银行体系;③大力发展数字化普惠金融,政府陆续出台了各类支农补贴、新型农村社会养老保险、新型农村合作医疗保险等惠农政策,积极推动通过银行卡发放各项补贴资金到户到人,实现了政府转移支付的数字化。

与肯尼亚等国的数字支付模式相比,我国有其独有的特征:①因我国账户普及率高,非银行网络支付主要为现有银行账户提供辅助支付作用;②随着网络和电子商务的普及,我国的数字支付主要为互联网及移动网络;③非银行网络支付提供商主要是非银行支付机构,移动通信提供商主要承担基础设施功能,在移动支付领域的份额相对较少。在电子商务、网络缴费、日常消费等诸多领域,网络支付为各类中小网络卖家和个人买家提供便利,在普惠金融中发挥重要作用。

(二)走出自己鲜明特色的路

1. 改善金融基础设施

我国的金融基础设施建设得到进一步扩大,建立了强大且全面的金融基础设施生态系统,加快推进全国银行网点的拓展和建设,扩大支付系统范围、效率及安全性,尤其是新型农村金融机构的增多(如地方性商业银行、自助存取款机、小额贷款公司等),大大改善了农村地区的金融服务。

2. 基于网络信息技术、大数据平台,大力发挥线上网络金融的优势

例如,以电子商务、社交网络为代表的线上商业模式,利用大数据,对客户信用进行评估,有效降低信息不对称程度,从而降低金融风险;利用数据库、云计算等数字基础设施及支付方式,降低交易成本、提升效率。

3. 鼓励金融科技行业迅速成长

我国应通过以下方式来引导、鼓励金融科技行业的发展：在金融科技初期时采取"包容并观察"的监管模式，通过监测新型金融服务行业的发展规模、诚信情况、稳定性及消费者保护风险，及时监管因金融科技行业的发展而衍生的风险；制定政策导向，积极引导市场向健康方向发展；明确监管部门的职责、监管权力和金融审慎程序。

4. 开展政策试点

我国的普惠金融试点工作取得了良好效果，例如，中国人民银行在浙江省宁波市、河南省兰考县、陕西省宜君县和青海省探索试点建立与全面建成小康社会相适应的、多层次、广覆盖、有差异、可持续发展的普惠金融服务和保障体系，基本建成与普惠金融发展相协调的财政等配套政策体系，有效盘活农村各类产权要素，持续优化金融生态环境，稳步提高金融服务覆盖率、可得性和满意度，使金融服务县域经济和"三农"、小微企业、贫困人群等社会发展薄弱环节的水平显著提升。通过临时性政策引领，我国在明确商业可长期发展的目标和前提下，制定好监管制度，开展临时性试点，并进行经验积累和调整，当成功后，再慢慢推及全国。这种方式有效降低了风险，不断从风险监管和创新政策上进行摸索和平衡。

5. 重视保护金融消费者的合法权益

消费者往往在个人实力和信息渠道来源上与金融机构不对等，确保消费者能够得到公平对待，并能够获得公开透明的产品、服务，以及救济安排。尤其是在第一次或者以前没有获得过金融服务的偏远地区，这种不对等情况更为显著。只有保护金融消费者的权益，金融机构才能赢得信任，获得更多的客户源和支持，这是政策制定的职责。

二、我国普惠金融发展面临的问题

普惠金融引入我国后得到极大的提升和发展，出现了很多新的金融机构如村镇、民营银行和小额信贷公司等，对我国经济有着积极的促进作用，但也存在着许多问题。

这些问题主要表现为：①不同地区、城乡间金融服务能力及基础设施建设发展的不均衡。经济越发达的地区和城市，普惠金融发展程度越高，而贫困地区、少数民族地区、偏远地区，普惠金融发展的程度较低。②服务覆盖率不均衡。目前我国普惠金融服务较多地是面向小微企业、城市工薪人群，对农村、低收入人群的覆盖面有限。③普惠金融体系尚不完善。我国目前的法律法规还不完善，各类金融机构的监督管理尚不健全，金融法律基础设施、会计基础设施、监管基础设施等基础设施还不够完善。普惠金融的风险暴露较多、近年增长较快，各金融机构不良贷款普遍呈增长态势，截至 2017 年 6 月 5 日，网贷行业累计问题平台数已达 3 169 家，市场上甚至出现许多打着数字普惠金融的旗号，借助互联网从事非法集资等犯罪活动。④信用体系不完善，信用关系不发达，对失信惩戒缺乏全面有效的法律约束，信用违约成本较低。⑤普惠金融的服务对象多为金融知识缺乏、对金融产品没有了解的低收入人群，他们因普惠金融知识匮乏，防范金融风险意识薄弱，盲目推崇高新技术，期待较高的回报，并且坚信投资就有收益，而成为金融诈骗、非法集资案件的受害者。

三、我国普惠金融的发展探索

2006 年,焦瑾璞在亚太地区小额信贷论坛上率先提出了"普惠制金融体系",他认为普惠金融体系是小额信贷及微型金融的延伸和发展,体现了金融的公平性,同时包括五个阶段:第一阶段,土地改革时期,产生了小额信贷的需求;第二阶段,公益性、自发、零散的实验试点阶段(1997 年以前);第三阶段,以"扶贫攻坚"为背景的推广阶段(1997—2000年);第四阶段,正规金融机构提供小额信贷的初步发展阶段(2000—2003 年);第五阶段,正规金融机构提供普惠金融业务的大发展阶段(2004 年至今)。

近年来,随着政府政策支持力度不断加大,2013 年十八届三中全会上,普惠金融被写入《中共中央关于全面深化改革若干重大问题的决定》,也因此被推向了更高层次。2015年 12 月普惠金融首次进入国家级战略规划中。2018 年中央一号文件《中共中央 国务院关于实施乡村振兴战略的意见》强调普惠金融重点要放在乡村,加大对农村金融的投入。党的十九大报告中,习近平总书记提出"深化金融体制改革,增强金融服务实体经济的能力",进一步为中国的普惠金融指明了发展方向,推动普惠金融的发展进入新阶段,呈现服务主体多元化,服务覆盖面较广的特点,支付、征信等金融基础设施日益完善,金融消费者教育和保护不断加强。目前,我国人均持有银行账户数量、银行网点密度等基础金融服务水平已达到国际中上游水平,为国际社会推动普惠金融发展提供借鉴。

从农村金融机构实践上来说,农村信用合作社等网点不断增加,传统金融服务覆盖范围越来越广,金融机构通过不断扩充村镇银行、小微银行、社区银行、县区保险分支机构等形式的物理网点,使更多的地域和人群能享受到金融服务。随着互联网技术的发展,网上银行、手机银行的普及,金融机构通过这些平台,促进金融产品的丰富和创新,使金融机构能够覆盖的范围越来越广。这些机构主要分为三类:一类是银行类的金融机构,主要包括农业银行、邮政银行等;第二类是非银行的机构,主要包括 P2P 网贷平台、众筹平台、消费金融公司、小额信贷公司、保险公司、蚂蚁金服、京东金融、百融金服等新兴金融公司;第三类是合作性质、协会性质、基金会性质的机构。

四、探索未来普惠金融可持续发展的方向

在学习借鉴国际成功经验的同时,需要结合每个国家的国情、特殊文化、政治背景以及发展前景进行分析,以便于打造中国特色的普惠金融,为践行普惠金融,打通金融服务的"最后一公里",为实现普惠金融长期可持续发展不懈努力。

首先,我国要构建中国特色普惠金融体系的目标和原则,创造良好的社会制度环境。普惠金融若要真正成为"普及大众、惠及民生"的事业,还需要监管部门加以引导和规范。监管部门应加强金融服务牌照管理,规范业务范围;加强功能监管,加强宣传,逐步提高政府、金融机构和公众对普惠金融的认知度;将普惠金融的核心价值融入战略规划和业务发展的各个环节。

其次,我国要加强信用体系建设,构建风险防控与监管机制。金融监管部门应加强协调,构建新型的法律与监管体系,建立严格的准入制度、审慎的运营监管制度;健全对村镇

银行和小额信贷机构的风险管理机制,提高其抵御风险的能力。金融监管部门应通过信用知识宣传、信用评级和公开增强信用意识,全面建立农户的经济档案,确立规范的经济档案指标体系和评估方法。金融监管部门应加强对村镇银行"三农"贷款投向的定位监管,避免贷款投向过度集中,规范业务操作行为。金融监管部门要发展监管科技,利用数字技术来提升金融监管能力。

最后,我国要依托互联网、云计算等技术发展普惠金融。如今的数字化时代,普惠金融与数字技术的融合创新为推进数字普惠金融的创新提供可能。金融机构可以通过建设电商平台或综合金融服务平台,实现全方位的线上服务,对现有客户数据信息进行有效整合,扩大客户分析的维度;通过电脑、手机及其他移动终端设备等,向需求者提供金融服务,扩大了金融服务的覆盖范围。

巩固训练与提高

思考题

1. 简述普惠金融的概念和内涵。
2. 互联网时代普惠金融有哪些新的发展和趋势?
3. 你认为我国数字普惠金融发展有何优劣势?
4. 结合国外普惠金融现状,谈谈我国普惠金融未来发展之路。

参 考 文 献

［1］焦国成.论伦理——伦理概念与伦理学［J］.江西师范大学学报:哲学社会科学版，
　　2011(1):22-28.

［2］彭兴韵,何海峰.新金融动荡下的中国金融安全分析［J］.经济学动态,2008(9):
　　22-28.

［3］汪苗苗,王喆.浅析银行从业人员职业道德建设［J］.经济研究导刊,2014(6):
　　166-167.

［4］朱贻庭.应用伦理学词典［M］.上海:上海辞书出版社,2013.

［5］汲昌霖.资本市场中的金融伦理体系构建——基于演化金融学的视角［J］.现代经济
　　探讨,2015(6):60.

［6］孙英,等.经济伦理学［M］.北京:首都经济贸易大学出版社,2005.

［7］丁瑞莲,等.金融伦理的层级结构及其演化机制［J］.华东经济管理,2005(9):
　　124-126.

［8］李刚,等.金融伦理缺失:我国农村金融效率低下的根源［J］.开发研究,2007(6):
　　136-137.

［9］区志娟.金融安全维护的现状、问题及法律对策［J］.法治与社会,2011(10):84-85.

［10］田文军.道德的中庸与伦理的中庸［J］.武汉大学学报:哲学社会科学版,2004(5):
　　599-605.

［11］卿定文.金融伦理及运行机制初论［J］.伦理学研究,2009(1):56.

［12］刘学锋.浅析金融职业道德的特性及内涵［J］.技术与市场,2015(6):321.

［13］王倩.互联网金融发展的伦理规制［J］.互联网金融,2016(2):41-43.

［14］王琦.当代金融活动中的儒教伦理探析［J］.浙江金融,2006(12):20-22.

［15］陈唯.论金融机构的社会责任［D］.南京:东南大学,2008.

［16］马然.中国金融企业社会责任研究［D］.北京:首都经济贸易大学,2012.

［17］王琼.企业社会责任探析——基于中国三星的社会责任实践［J］.当代会计,2016
　　(9):20-21.

［18］吴建安.高校助学贷款中的信用危机及对策研究［J］.中国市场,2008(40):124-125.

［19］邓瑛.生态金融论［J］.金融理论与实践,2002(1):4-6.

［20］江元祺.互联网金融助力生态金融路径深化的思考［J］.中外企业家,2015(7):
　　61-62.

[21] 刘静文. 我国生态金融发展浅析[J]. 商,2015(45):185-185.

[22] 马鹏举. 国际生态金融产品发展综述及启示[J],西部金融,2010(10):32-33.

[23] 王慧,魏圣香. 生态金融机制的类型及其法律问题[J]. 证券市场导报,2010(3):15-22.

[24] 王遥,张笑. 生态文明视域下的生态金融建设[J]. 中国特色社会主义研究,2015(2):96-100.

[25] 杨喜光,何梅. 我国构建生态金融体系探究[J]. 商业时代,2012(14):66-67.

[26] 赵华林. 发展生态金融建设生态文明[J]. 环境保护,2015(43):2.

[27] 陈岱孙. 陈岱孙文集[M]. 北京:北京大学出版社,1989.

[28] 萨尔缪森. 经济学[M]. 北京:中国发展出版社,1993.

[29] 阿玛蒂亚·森. 经济学和伦理学[M]. 中译本. 北京:商务印刷馆,2000.

[30] 博特赖特. 金融伦理学[M]. 北京:北京大学出版社,2002.

[31] 王曙光. 金融伦理学[M]. 北京:北京大学出版社,2011.

[32] 黄达. 金融学[M]. 北京:中国人民大学出版社,2003.

[33] 沈联涛. 十年轮回:从亚洲到全球的金融危机[M]. 杨宇光,刘敬国,译. 上海:上海远东出版社,2009.

[34] 刘宇飞. 国际金融监管的新发展[M]. 北京:经济科学出版社,1999.

[35] 全先银,闫小娜. 美国的金融监管改革[J]. 中国金融,2009(17).

[36] 王琛. 如何看美国金融监管改革方案[J]. 学习时报,2009(8).

[37] 许传华. 美国金融危机下金融监管模式的缺陷及对我国的启示[J]. 经济问题,2009(7).

[38] 曾康霖. 试析金融风险、金融危机与金融安全[J]. 金融发展研究,2008(2).

[39] 彭兴韵,何海峰. 新金融动荡下的中国金融安全分析[J]. 经济学动态,2008(9).

[40] 王倩. 我国银行业对外开放带来的金融安全风险及对策[J]. 现代商业,2009(10).

[41] 祁敬宇. 金融监管学[M]. 西安:西安交通大学出版社,2007.

[42] 黎四奇. 金融监管法律问题研究——以银行法为中心的分析[M]. 北京:法律出版社,2007.

[43] 徐孟州,等. 金融监管法研究[M]. 北京:中国法制出版社,2008.

[44] 应勇. 金融法治前沿(2012年卷):创新与转型中的金融市场规制[M]. 北京:法律出版社,2013.

[45] 聂向东. 经济全球化背景下我国的金融安全[J]. 内蒙古农业大学学报,2009(2).

[46] 乔久恒. 金融产业安全的国内研究综述[J]. 商业经济,2010(1).

[47] 赵晓洁. 经济全球化下完善我国金融法律的思考[J]. 经济与法制,2011(4).

[48] 区志娟. 金融安全维护的现状、问题及法律对策[J]. 法治与社会,2011(10).

[49] 席梦楠. 我国金融体系存在的问题及对策[J]. 现代经济信息,2013(1).

[50] 侯荣灿. 新形势下校园贷发展现状与对策研究:基于武汉在校大学生网贷的调查[J]. 财经界(学术版),2017(2).

［51］陈威中. 校园贷的发展与影响探讨［J］. 农村经济与科技，2016，27(13)：118-120.

［52］叶岩. 校园贷存在的问题及解决方法［J］. 中国管理信息化，2016，19(16)：116-117.

［53］黄志敏，熊绰辉."校园贷"类 P2P 平台面临的风险隐患及监管对策［J］. 福建警察学院学报，2016(3)：17-22.

［54］卞永祖，杨凡欣，张岩. 金融安全的六个维度［N］. 金融时报，2017-4-29(002).

［55］纪敏. 我国普惠金融发展现状、前景与路径分析［J］. 中国征信，2016(11).

［56］焦瑾璞. 普惠金融［M］. 北京：中国金融出版社，2015.

［57］李焰，王琳. 致广大而尽精微：普惠金融中国实践案例［M］. 北京：中国人民大学出版社，2018.

［58］焦瑾璞. 普惠金融的中国之路［J］. 清华金融评论，2018(2).

［59］李海燕. 我国普惠金融的发展现状、问题与对策研究［J］. 郑州轻工业学院学报，2018(10).

［60］中国银保监会. 中国普惠金融发展情况报告［J］. 中国银行业，2018(10).

［61］高霞. 印度小额信贷危机对我国的启示［J］. 黑龙江金融，2011(2).

［62］焦瑾璞. 中国普惠金融体系的治理结构及其风险监管［J］. IMI 研究动态，2017(6).

［63］黄达. 金融学［M］. 北京：中国人民大学出版社，2012.

［64］吴金旺，顾洲一. 数字普惠金融文献综述［J］. 财会月刊，2018(19).

［65］焦瑾璞，黄亭亭，汪天都，等. 中国普惠金融发展进程及实证研究［J］. 上海金融，2015(4).

［66］王海燕. 众贷网上线仅一个月宣布破产［N］. 现代快报，2013-04-03.

［67］柏亮. 众贷网倒闭警示 P2P：从极端看必然［N］. 第一财经日报，2013-04-12(A13).

［68］王芝清，陈醒. 普惠金融软环境建设是扶贫攻坚的关键［J］. 国际融资，2018(12).

［69］李留宇. 让更多的人能够享受金融服务［J］. 国际融资，2018(12).

［70］樊英. 农村金融机构小额信贷业务 风险管控的策略研究［J］. 经济论坛，2018(11).